いつでもひとりに戻れる生き方

変われる私を見つける禅のこころ

臨済宗妙心寺派布教師会会長
藤原東演《ふじわら・とうえん》

亜紀書房

まえがき

私は法学部だった学生時代、外交官を目ざしながらも怠惰な生活を送り、病まで得てしまいました。健康に復し、禅の専門道場・東福寺《とうふくじ》で修行しましたが、当初は涙が流れるほどの葛藤《かっとう》の連続でした。

修行後、実家である静岡の寺を継ぐことになっても葛藤は続きました。高校の英語教師から東京・原宿での辻説法《つじせっぽう》まで、自分で「がむしゃら史」と呼んでいる行動の日々が続きます。

二人の娘に恵まれましたが、長男は幼くして亡くなりました。私自身、五十代後半に、再び死を意識するほどの体の不調に苦しみました。

今でも、「寺の住職」「文化会館サールナートホールの経営者」「臨済宗妙心寺派布教師《りんざいしゅうみょうしんじはふきょうし》会会長《かいかいちょう》」などの社会的な務めと同時に、禅僧としての終わりなき探求が続いています。

結局は私も、釈尊《しゃくそん》の言う「心の安住の地」を求めて生きてきたのかもしれません。

私たち禅僧は、修行時代は道場で、集団の中で暮らします。でもそれは、集団の中で

「本当の自分」を孵化《ふか》させる、きわめて個別的な営みなのです。だれでもしばしば「ほしい」「泣きたい」「憎い」といった心境や状況になります。どんな場合も、いつでも、ひとりに戻れる訓練をするのです。よく訓練された「ひとり」には、孤立やわびしさはありません。真の「安心《あんじん》」があります。

そんな私の人生に、これまで大きな影響を与えたできごとが六つあります。

①愛する者との別れ
②人生の虚《むな》しさ
③人と比べるみじめさ
④死の恐怖
⑤孤独のつらさ
⑥自分の見方の行きづまり

これらの苦しみのエピソードを、この本で取り上げました。
いずれも最初は、逃避しようとしたり、責任を他人に押しつけようとしたりしました。
しかし、なかなか苦痛を抜け出せませんでした。
結局は行きづまり、自分に焦点を当てるしかなくなりました。自分の受け止め方に問題があるのではないか、自分のありようこそが苦しみの元凶ではないか……と、自分と向き合わざるを得なくなりました。

それは本当につらい経験でした。その経験の中で「本当の自分に戻るしかない」と気づき、実践してきた記録がこの本です。

そして、自分に戻ることによって人生を再生した多くの人々の生の実録でもあります。


ある時、釈尊はサールナート（釈尊が初めて説法した地。鹿野苑《ろくやおん》）にいました。昼間はたくさんの鹿《しか》が遊び、鳥たちも空を舞って、平穏そのものでした。

でも、夜になると、鹿も鳥も安らぐ場を求めて森へ帰っていきます。

釈尊は弟子たちに尋ねました。

「あなた方の心の安住の地はどこにあるのか」

おそらく誰も答えなかったのでしょう。

「本当の自分に戻りなさい」（真人《しんにん》は滅《めつ》〈悟《さと》り〉に帰するなり）

と自ら答えました。

この答えに、人生の問題解決のカギがあります。

つまり、「普通に考えている自分」と多忙な自分の間を行きつ戻りつするレベルでは、悩みやストレスは根本的には解決できないということです。

いきなり「本当の自分」とか、「普通に考えている自分」と言われても、理解しにくいと思います。


いつでも戻れる「本当の自分」を見つけること。

私にとってそれは、人と生きることに倦《う》まない自分になることでした。ストレスや疲れに耐えられる自分になることでもありました。つまりは、人生を新生させる大いなる力が秘められている自分になることでした。

私は大学で「人間と宗教」という講座を担当していて、学生に「自分とは何か」と聞くことがあります。ですが、そこでも「本音の自分と建前の自分がいる」とか、「いくつも自分がいて、どれが本当なのかわからない。全部自分ではないのか？」というような答えがほとんどです。

ただ、中には「理性的な自分もいるし、欲望に振り回されたり感情的になったりする自分もいる。そしてもう一人『自分』がいるのではないのか」とレポートする学生もいて、とてもいい気づきをしているな、と思うこともあります。私は学生時代、そんなことなど考えたこともありませんでした。

先日、長野県蓼科《たてしな》に行った時、高原にある牧場から西を見渡しました。

山並みが果てしなく幾重《いくえ》にも重なっていました。自分もこれまでいくつも山を越えてきたな、どの山も越えるのに苦労したけれど、どれも「本当の自分」に戻るために登らなくてはならなかった山々だったんだ、としみじみ思いました。

これからもどんな山々が待ち受けているのか、きっとまた同じ過ちを繰り返しては、自分に戻る修行をさせてもらう旅を生涯続けることになるだろうな、と思いました。

本書が、そんな旅の道しるべになれば本当にうれしいことです。

二〇一一年八月

藤原東演《ふじわらとうえん》

目次◉いつでもひとりに戻れる生き方

第二章　虚無苦と私
一人が充足できてこそ二人、三人が面白い

第三章　自分探しとは人と違う自分を探すこと

比較地獄と私

第五章

孤独と私

一人だけれど自分だけではない

第六章

求不得苦と私

幸福は「あるべき私」を離れたところに

いつでもひとりに戻れる生き方

変われる私を見つける禅のこころ

第一章

愛別離苦《あいべつりく》と私

サヨナラの空虚にどう対処するか

変わらぬ悲しみにも変化は訪れる

一緒にいたいから苦しいのだ

私は三十四年前、わが子に先立たれました。たった八ヵ月しか、この世に生きることを許されなかった子でした。

父も八年前に遷化《せんげ》（逝去《せいきょ》）しました。

昨年は、三十年来の親友と、兄のように尊敬していた方とが相次いで旅立っていきました。

亡くなってみて初めて、亡き人の存在が自分にとっていかにかけがえのないものであったかがわかり、身を切られるような思いをしました。

今も、その思いを引きずっています。

愛する人との別れ、とりわけ死別は、本当に身を切るように悲しく、つらいものです。

虚しさでいっぱいになります。

「愛する者と
相会《あいあ》うなかれ
愛せざるものとも
会うなかれ
愛するものを
見ざるは苦なり
愛せざるものを
見るもまた苦なり」

これは、仏教の古い経典《きょうてん》『法句経《ほっくきょう》』の一節です。

釈尊《しゃくそん》（お釈迦《しゃか》様）は、生後たった七日で母マーヤを失いました。誕生した途端、最も愛する者と永遠に会うことができなくなったのです。

その悲苦を生涯、背負って生きたに違いありません。特に若い頃は、一目でいいから母に会いたいと、いつもしのんでいたでしょう。その寂しさ、悲しみが伝わる言葉です。

しかし半面で、このくだりにはショックを受けてしまいます。

そのまま受け止めれば、「会えば執着《しゅうじゃく》の思い（愛欲）が生じる。別れも必ずある。だから離れよ」ということになるからです。いくら釈尊に言われても、愛する人とは会いたいし、一緒にいたいのが自然の感情だと思います。

この言葉は、当時の出家者に対して説かれたものです。そういう歴史的背景も加味して理解すべきものでしょう。

しかし、私は僧侶《そうりょ》ですが家族がいます。つまり半分僧侶で、半分在家《ざいけ》（出家していない人）なのです。ですから、釈尊の言うことは受け入れられません。

では、愛欲の執着を断ち切ることができない私たちは、どうしたらよいのでしょうか。

時間が心にきっかけをもたらす

釈尊の教えの根底に、「人生は苦」という考え方があります。苦の中で、安らかで自由に生きていく方法を説いたのが仏教だと言っていいでしょう。

苦しくもあり楽しくもある人生を「苦」だと断定してしまうのは、苦楽や喜怒哀楽のからみ合う現実をほぐしてみると、その芯《しん》にはいつも必ず苦があるからです。

そして、それは「一人」ということと重なり合います。

私たちは、一人で生まれ、一人で死んでいくのは当然として、生きている間は決して一人ではないと感じています。実際、単独では生きていけません。

しかし、ギリギリのところでは、本当にそうでしょうか。たとえば悩みや恐怖、痛みや老いを感じる時、たくさんの人が助けてくれ、共感してはくれますが、最終的には自分にしかわからず、一人で負うしかありません。

根底で言えば、私たちは一人で生きていくしかないのではないでしょうか。

一人を痛感する時には、いくつかの局面があります。愛する者と別れる時、人生を虚しく感じる時、一敗地《いっぱいち》にまみれた時、死を強く意識する時……などです。

そういう時にもぶれないで生きていけるように生き方を整えることが大切です。それは、苦である人生を安らかに生きていく力をつけることにほかなりません。

では、生きていく中で最も悲痛を感じる別離の時、私たちはどう対処すればいいのでしょうか。

いくら歳月が流れても、大事な人を失った悲しみと虚しさは消えないものです。けれど、その心境は時間の経過によって少しずつ変わっていきます。

一瞬のうちに思わぬ転換をすることもあり、変化のスピードは人によって異なりますが、悲哀から徐々に立ち直る「悲しみのステージ」の段階は、誰でも共通するものがあると思います。

そういう心の変化とはどのようなものでしょうか。

耐え難《がた》い悲痛にあっても、変化の見取り図をあらかじめ知っておくことで、一筋の救いのロープをつかむことができるように思います。

行きつ戻りつしながら誰でも「道」をたどる

まったくお会いしたことのなかった四国のある町のSさんから、八歳の息子さんを亡くした悲嘆の手紙を突然もらい、その後、三年間にわたって手紙を交換しました。私の著書を読んで、手紙をくれたのです。

最初の手紙は、息子さんの死から四年が経過した時のものでした。見ず知らずの私に手紙を出すには、相当の勇気が必要だったでしょう。

Sさんはその間、誰にも語れない悲しみの歳月を、一人で耐えてきたのだと思います。最愛のわが子を亡くしたこともつらいのに、さらにさまざまな思いが重なって、心が押しつぶされそうな時もたびたびあったでしょう。手紙を読むたびに、Sさんの悲痛が息苦しいほど伝わってきました。

同時に、十数回に及ぶ手紙からは、「悲しみのステージ」の段階をはっきりと読み取ることができました。

Sさんの趣旨を損なわないように表現も変え、手紙の要約から「悲しみのステージ」の段階を整理してみることにします。Sさんは、これをたどたどしく行きつ戻りつしながら、生きる気力を徐々に取り戻していったのです。

〈第一ステージ〉ショックの段階

相手に死なれた当初は、悲哀と同時に、茫然自失《ぼうぜんじしつ》の状態に陥《おちい》ります。

「前日まで元気に遊んでいたのに、朝、風邪で亡くなりました。風邪くらいで逝《い》ってしまうとは夢にも思いませんでしたから、突然なことであまりにショックが大きく、お葬式の時も一滴の涙も出ませんでした。感情など湧きませんでした」

「毎日、目が覚めると、覚めなければ、このままあの子の元に行けたのに……と思い、生きていることが苦しくて、早く解放されて楽になりたいという気持ちが起こりました。でも、この子の妹がいましたので、自分がいなくなったらこの妹はさぞかしつらいだろう、そう思うと死ぬ決心はできませんでした」

「今まで順風満帆《じゅんぷうまんぱん》で幸せでしたから、突然地獄に突き落とされたようで、神も仏も信じられなくなってしまいました」

〈第二ステージ〉怒りと自責の段階

ショックが落ち着くと、やり場のない感情が自分自身に向かい始めます。

「なぜ息子が亡くなったのかわかりませんし、亡くなった意味があるとは思えません。神様や仏様は、私たちを幸せにするためにこの世に送り出したと、本で読んだことがあります。これは嘘《うそ》なのですか？　こんな短い時間しか生きられないのなら、なぜ、この世に送り出したのでしょうか。これから何を信じていったらいいのでしょうか」

「楽しいこともやりたいこともいっぱいあったはずの息子のことを思うと、自分の行いが悪かったから亡くなったのだと、自分を責めずにはいられませんでした」

「死ぬこともなかなか決心できず、今まで生きてしまいました。わが子が亡くなった悲しさやつらさだけでなく、周囲の人の無神経な言葉や振る舞いや、冷たい視線にとてもいら立ち、傷つけられてしまい、人を信じられなくなりました。次第に近所の人や友人にさえ会うのもつらくなっていきました。このまま人とつき合わず過ごしてよいのか。悲しくても、傷ついても、その感情を押し殺してつき合っていったほうがいいのか。わかりません」

〈第三ステージ〉無気力と抑圧の段階

感情が枯れ果て、次第に絶望感や寂寥感《せきりょうかん》に取りつかれていきます。

「話しても誰も自分の気持ちをわかってくれないので、人に話さなくなり、悲しみや寂しさを心の奥に沈めています。たった一人で背負いきれなくなってつらくなり、耐えかねています」

「不思議なもので、息子は八歳までしか生きられない運命だったと平気になれる時と、自分がこの世で一番不幸だという逃げ場がない八方ふさがりの絶望に陥る時とがあります。考えてみれば、この五年間、同じことの繰り返しであった気がします。いつになったら吹っ切れるのでしょうか。この苦しみは永遠に続くのでしょうか。そんなことばかりを考えて、少しも乗り越えることも立ち直ることもできず、時間だけが過ぎてきた感じがします」

「手紙を書きたいのですが、悲しみ、苦しみ、罪悪感、虚無感、挫折感、人間不信といった感情が、ほどくことができないくらいからみ合って、うまく表現できず、整理もできずにいます」

〈第四ステージ〉立ち直りの段階

感情は不安定ながら理性が少しずつ力を増し、はなはだしい乱れは落ち着いてきます。

「最近、笑ったり、冗談を言ったりするようになったので、周りの人も元気になってよかったと思っているようです。でも他人の無神経な言葉を聞くと、傷口はすぐパカッと開いてしまうのです。その時、全然立ち直っておらず、いつまでも過去にとらわれている自分という人間が情けなくなります」

「毎日、独りで仏壇の前で息子と語り合っている時は、心が落ち着いてくるようになりました。息子と語り合っているうちに、実は自分が一番嫌っているのは、無神経で何もわかってくれない他人ではなくて、そんな他人の些細《ささい》な言葉や態度に傷つき苦しむ自分なんだということに、ようやく気づきました。でも、一歩、家を出て近所の人と会うと、感情ががたがたとくずれ落ちてしまいます」

「心の中も、次々と移り変わります。前の晩に涙が止まらず泣きはらしたのに、翌朝はいつも通りに起きて、夫や娘の支度をしていて、いつの間にか平気な自分に戻ってしまいます。……ある時は突然、虚しさや寂しさに襲われ、考えても仕方がないことを思うのですが、自分ではどうしようもなく手をつけられない状態になったり……。

でも、先生の『悲しみは一生消えません。そのことを覚悟していきなさい』という言葉に、少し自分を見つめ直すことができました。こんな苦しみがいつまで続くのだろうか、一生続くのだったら嫌だな、生きていたくないな、と逃げることばかり考えていました。逃げてばかりいるより、この苦しみは一生、背負っていくしかないんだ、と覚悟したら少し楽になりました。といっても、そうすぐにはできません。頭ではわかっていても、体は

『寂しいよ、つらいよ』と訴えてきます。体って正直ですね」

〈第五ステージ〉心の旅立ちの段階

新たな心が芽生えると同時に、亡き人と心の中で再会できるようになります。

「来年は七回忌です。あんなに思い出でいっぱいで鮮明だった息子の記憶が、だんだん薄れてきています。忘れることもつらいですね。息子が『僕のことを忘れないでね』って訴えているのかもしれません。一生笑うことはないと思っていたのに、最近、笑ったり、旅行に行ったりして、ほっとさわやかな幸せを感じたりします。そのたびに息子のことを思い出して申しわけなく思います。

息子は母親思いの優しくて心の広い子でしたから、私を許してくれるのはわかるのですが、そう思うと、また自分が息子を守ってやれなかったことを許せなくなるのです」

「七回忌に、小さな木を庭に植えようと思っています。仏壇にお地蔵様を祀《まつ》ってあり、毎日、手を合わせて、息子のつもりで話しかけています。最近では祈っているうちに、お地蔵様が息子で、息子が向こうから私に『ママが早く元気になりますように』と祈ってくれているように思えてきました」

「その時は悲しかったわけでもありません。つらかったわけでもありません。一人で抱え込んでいたもの、心の扉にしまい込んで鍵をかけていたものが、少し扉が開かれてあふれ出てきた感じがします」

「息子の分まで一生懸命生きなくてはと思う半面、どんな努力をしても自分の力ではどうにもならず、悲しい結果に終わってしまうかもしれないのだから、あまり無理せず、好きなことをやって生きてみるのもいいな、と思ったりしています」

「最近は、息子のことを思わなくても、息子は生きていた頃よりずっと近くにいて、私と一体になっているような気がします。どうしようかなと思った時、心の中の息子が導いてくれて、次の行動に移っているのです。こんなに一時《いっとき》も離れることなく、いつも一緒なのに、寂しいのはなぜでしょうか」

これを禅では**「色即是空《しきそくぜくう》　空即是色《くうそくぜしき》」**と言います。『般若心経《はんにゃしんぎょう》』にある有名な言葉です。

この世のすべての存在や現象（色《しき》）は原因と条件によって存在しているだけであり、その真のありようは実体がない（空《くう》）。しかし、仮の存在ではあっても、それが今、ここにあることもまた真実だ、という意味です。

この言葉を体験的に解釈すると、少し異なる意味が出てきます。私たちは愛する人との別離によって虚しさの底に落ち込み、どうしようもなく苦しみます。ところがある時、忽然《こつぜん》と、亡き人がどんなに自分を愛してくれたかに気づくのです。今、ここに自分が生きているのもそのおかげなのだ、だったら今、ここに生きている命を大切にしなくては、と目覚めます。そんな時が必ず来ます。

それが私の「色即是空　空即是色」の体験的な意味です。

もう一度会える、もう一度生きられる

弱さを知ると何が起きるか

Sさんの手紙を一枚一枚読んでいると、自分が息子を失った時の、胸をきりきりと刻まれるような痛みがよみがえってきました。

私はたった八ヵ月で我が子を亡くしましたが、Sさんには八年という息子さんとの思い出があります。それと比べればあまりに短い月日でしたが、失った悲しみは耐えがたいものでした。ただ、息子との別離を思い出し、彼の亡きあとも日々を重ねてきたおかげで、Sさんの気持ちを深く想像できるように思うのです。

彼女は、わが子を喪失した苦しみがあまりにつらくて、早く逃げ出して楽になりたいと思っていました（第一ステージ　ショックの段階）。

感情は自分に向かい、自分のせいで息子は亡くなったのだと、自分を責めずにはいられなくなっていきました（第二ステージ　怒りと自責の段階）。

さらに、誰も自分の悲しみをわかってくれないと心の扉を閉じてしまい、どんどん悲嘆地獄の深みにはまっていきました（第三ステージ　無気力と抑圧の段階）。

けれども、逃げることができずにもがくうちに、亡くなった人はもう戻ってこないのだ、時間は後戻りできない、苦しみとともに生きるしかないと気づくことができました。逃げ出そうとする自分自身の在り方に問題があるのではないかと、心と向き合うようになったのです。

歳月が流れるうちに心は変化しますが、悲しみ、寂しさは繰り返し起こってきます。そういうありのままの自分の弱さを知ると同時に、弱い自分から立ち上がらないと、亡くなった人に申しわけないと思いました。

Sさんは、自分を知り、自分と向き合い、ありのままの自分を認められるようになった時、息子さんの死も受容できるようになっていったのではないでしょうか。そうして、悲しみから立ち上がる勇気が生まれてきたのだと思います（第四ステージ　立ち直りの段階）。

さらにSさんは亡き子と心の対話をしています。立ち上がる勇気が生まれ、自分が元気になっていく時、我が子に申し訳ないと感じてしまうのです。Sさんの亡き子との心の対話は、複雑な心境の中、進んでいくでしょう。死という悲惨な離別を通して、もう一度息子さんと出会っているといえないでしょうか。

ここに至って、ついに自分の人生をもう一度生きることも許されるという心境にたどりついたのです。まさに新たな出発だと思います（第五ステージ　心の旅立ちの段階）。

いずれにしても、Sさんは別離の悲しみと自分の否定によって濾過《ろか》されたからこそ、弱さの中に本当の強さを育てることができるようになったのだと考えられます。

何としても耐えることから回復がきざす

このように、心は復元のステージを段階的にたどるものなのですが、大切なのは愛する者を喪失した当初の第一ステージの苦しみに耐えることです。

現実を受け入れられず、感情が止まってしまうほどのダメージを受けてしまっています。「早く死んで一緒になりたい、死ねば、この苦しみからも楽になれる」という気持ちも起きてきます。

奥さんを亡くされた檀家《だんか》のNさんが、四十九日の法要のあと、概略次のような手紙をくれました。

「住職様よりいただいた西条八十《さいじょうやそ》さんの『亡妻《ぼうさい》の記』を読ませていただきました。愛する者を失った悲しみが自分と重なり、妻への思いを募らせております。西条さんが本の冒頭に『世の中には荒地の小さい野草《のぐさ》のように、すこしも目立たずに立派なひとがある、ぼくの妻はその野草であった。ぼくは茲《ここ》に改めて彼女の遺徳《いとく》を頌《たた》え……』と述べていますが、それも、お花の師匠《ししょう》で野草を愛した私の妻と重なります。

いつも本ばかり読んでいて、その本の知識で、僕にいろいろアドバイスしてくれました。美人で知的だった彼女は、僕にはもったいない人でした。そんな人を亡くしてしまった責任は、僕が一生背負っていかなければなりません。なぜ、一緒にいて彼女の病魔に気づかなかったのか、早く病院に連れて行かなかったのか、毎日繰り返して考えては泣いてばかりいます。

西条さんが言う『宿命などというものは責任を回避する卑怯者《ひきょうもの》の造語である。私はただ熱涙とともに叩頭《こうとう》して彼女の前にわれらの愛の及ばざりしを謝するのみである』のくだりは、今の僕の心境と同じです。彼女の元へ走って行きたいことが何度あったかわかりません。僕の一生は彼女があったからこそだと思うと、もうこれ以上生き恥をさらしてもと何度か考えてしまいました。

そんなことを娘たちに話したら、『お父さん、そんなことは母さんは考えていないよ、残った人生をみんなのためにつくすことを望んでいるんだよ』と言われて、思い直してはまた考える毎日です。なかなか立ち直れませんが、写真を見ては、あの笑顔に向かい合掌《がっしょう》しています。

僕は葬儀の時にも挨拶したように、『妻を尊敬し、僕の宝物でした』と……そんな妻の存在は偉大でした。妻の望みでもあった宝泰寺《ほうたいじ》（私の寺）に眠らせてもらい、幸せだと思います。これからもどうかよろしくお願いいたします」

この手紙を読むたびに、愛するものを喪失した悲痛のあまりの深さに言葉を失ってしまいます。

Nさんは労働組合の委員長を務め、仕事でも人生でも奥さんは同志でした。

Nさんは温雅《おんが》な風貌《ふうぼう》でしたが、不屈の信念を持つ人。奥さんはおおらかな人を包み込むような静かなたたずまいの方。組合の活動で心身共に疲れたNさんを、奥さんがどれだけ癒やし、勇気づけたか想像に難くありません。

はたから見ても、おしどり夫婦でしたから、Nさんの「死んでしまいたい」という思いも理解できました。何も考えられない混乱の中、心を懸命に落ち着かせて、この手紙を綴《つづ》ったことでしょう。なお、「西条さん」とは詩人・作詞家の西条八十のことです。文中の「宿命などというものは……」のくだりは、今となっては出典がわからないほど手当たり次第に読んだものの一部です。

その後、Nさんは一周忌の法要で、追悼コンサートをして供養をしました。二百人もの人が集まりました。

この一年間、彼はどのように歩いてきたのでしょうか。「（母さんは）残った人生をみんなのために尽くすことを望んでいるんだよ」という娘さんの言葉を、彼はどう受け止めたのでしょうか。悲しみの中、生き抜く力がどのように生まれてきたのでしょうか。私の寺の本堂で行われたコンサートを聴きながら、思いをはせました。

一人が口を開けば一人が心を開く

死別の悲しみに沈む遺族を少しでも癒やせたらという願いから、二〇一〇年に「こころの絆《きずな》をはぐくむ会」を立ち上げました。病死、事故死、自死の遺族が共に語り合い、気持ちを分かち合うグリーフケア（悲嘆からの立ち直り支援）のとても小さな会です。

スタッフは、私を含めて僧侶二人、心療内科と漢方の医師二人、司法書士、愛別離苦《あいべつりく》（愛するものと別れる苦しみ。仏教の八苦の一つ）を体験した女性ボランティア。私が経営する静岡の文化会館サールナートホールで毎月一度、開くこととなりました。

スタッフは、講話や説教や助言はほとんどしません。参加者である遺族の方々の話にひたすら耳を傾けるように努めます。参加者の名前、住所、職業などは、こちらからは問いません。どう呼んでいいのか困るので、スタッフ、参加者共に仮の名を記入した名札をつけるだけです。

話を聞くうちに遺族の方々は、特に自死の場合、思いを誰にも言えずに耐えてきたことがわかりました。その鬱積《うっせき》した気持ちを少しでも軽減することが、一番大事な使命です。安心して話せる雰囲気をどうつくったらいいのか、スタッフは毎回、反省会をします。

「はぐくむ会」の発足前は、参加者が見ず知らずのスタッフの前で、自分の苦悩をいきなり話すものだろうか、苦しい心境の中、会場まで来る気持ちになれるだろうかと、危惧《きぐ》していました。

けれども、展開はまったく意外でした。

毎回、十人から二十人くらいの参加があるのです。ある遺族がとつとつと語り出すと、ほかの遺族はうなずいたり、涙を流したりします。そして、ほぼ大半の人が自分の悩みを話すのです。二時間があっという間に経過してしまいます。

「苦しむ自分とは何なのか」

この会や、お寺に個人的に来た人の人生相談などから言えることとは、大事な人を失った時の悲苦の心情は、一人ひとり微妙に異なるということです。それぞれが自分の人生を歩み、違った価値観や人生観を持ち、亡くなった人との関わりもみな異なるからです。

しかし、そういう相違はありつつも、愛別離苦のあとの心情の変化には、共通の「悲しみのステージ」が、やはりありました。

誰でも当初はショックを受け、動揺し、心が動かなくなります。さまざまな事務処理に追われ、悲しむ時間もないのです。

それが一段落し、四十九日の法要が終わる頃から、底知れぬ寂しさや虚しさに襲われ、故人の死を認められない気持ちが強くなります。また、自分の至らなさから死なせてしまったという罪悪感も起こります。本意ではないのに、故人に怒りの感情を覚える場合もあります。心が激すると、思慕しながらも、相反する感情が同時に起こってしまうのです。思ってはならないことを思ってしまうのは、とてもつらいことです。

さらに時間がたつにつれ、絶望感や寂寥感、虚無感が泥沼化し、死にたいと思うようになる時もあります。世の中はなにごともなかったように過ぎていき、自分だけ取り残された気持ちになり、人と話したくない、引きこもりたいと感じられます。

しかし、そういう苦しみの中で、何かが心に起こって、逃げずに死を受け入れる心境に変化していきます。感情の揺り戻しはなくなりませんが、立ち直っていくのです。

立ち直りのカギは、自己に立ち返るという、大きな心の転換にあるように思います。

これを禅では「自返照看《じへんしょうかん》」と言います。臨済宗《りんざいしゅう》の開祖・臨済義玄《りんざいぎげん》の法語を弟子がま

とめた唐代の禅書『臨済録《りんざいろく》』にある言葉です。

「自《みずか》ら返照《へんしょう》して看《み》る」とは、答えを外に求めないで、自分自身に求めること。

私たちは、別離のどうしようもない苦しみの中で、「なぜこんな目に遭うのか。早く逃れたい」と煩悶《はんもん》します。それは、苦しみの答えを外に求める態度です。

外に向けてしまいがちな目の光を、自分自身に振り向けることが大切です。「苦悩する自分とは何なのか」という自省に至った時、悲痛から救われるのです。

感情にまといつかれても感情をよどませない

空虚だからひとひらの温もりがありがたい

最近、四国のSさんから久しぶりに手紙がきました。元気をもらえるような明るい内容で、安心しました。

ふと、私が息子を亡くした煩悶から立ち直るきっかけになった言葉を思い出しました。師事してきた梅原諦愚《うめはらたいぐ》師が、私の外出中に線香をあげに来て、何も言わずに手紙を置いて帰りました。読んで、心づかいにとても温かいものを感じました。

言葉はその手紙にあったものです。

「いとし子の供養《くよう》するぞと思うなよ
我《わ》れが子どもか子どもが我れか」

なかなか意味が読み取れませんでした。

幾度も唱《とな》えて理解できました。

「あなたは、亡きいとし子のためにお花やお菓子を供《そな》え、お経を読んでいると思っているかもしれないが、それは違うぞ。本当はあなたが亡き子に供養されているんだよ」

あの子の命も、愛も、ぬくもりも、すべて奪われたと思っていましたが、そうではなくて供養されているんだ、と受け止めました。

では、あの子が私たちに何を供養してくれているんだろうと考え、ハッと浮かんできた光景がありました。

息子がストレッチャーに乗せられて手術室に入る前、家族が見送るわずかな時がありました。妻の顔を見た時、息子はこぼれんばかりに微笑《ほほえ》みました。頑是《がんぜ》ない（あどけない）子でしたから、母の顔を見て安心したのでしょう。

でも、「あんな苦しい時に笑ってくれたのだ」と思うと、妻に「母さん、ありがとう」と言ったのだと信じることができました。

そして「短い命だったけれど、勇気を持って精いっぱい生きてくれてありがとう」と、亡き子に礼を言わずにはいられませんでした。

息子が亡くなって日が経っても、悲しみ、寂しさ、虚しさ、後悔などの思いが錯綜《さくそう》して消えませんでした。くじけそうになると、あの最後の微笑みを思い浮かべました。

三十四年の歳月が流れましたが、わが子にずーっと励まされて生きてきた気がします。

亡き人の愛情は消えないのです。梅原師の手紙の歌をきっかけに亡き子の微笑みを思い出し、それに励まされて生きるようになった時、私の心に大きな転換がゆっくり起きていったように思えます。

理由などなくとも人はふと気づく

夫を失ったある女性の電話を受けました。

彼女が不在の時、夫は逝ってしまいました。それから十年、自分が夫を死に追いやったという贖罪《しょくざい》の思いを背負い続け、苦しみからなかなか解放されなかったのです。

ところが最近、ある朝、起きた時に突然、本人にとって意外な思いが起きました。

「そんな生き方では、自分の人生をムダにしてしまうじゃないか。優しかった夫は自分が不幸になることなど望んでない」

そう思えてきたというのです。啓示のような心の転換です。その理由を聞くと、彼女は考え考え、こう話しました。

「それまで何冊か読んだ本の言葉とか、講演などで聞いた考え方などがいつしか自分にインプットされていて、予期しない時にフッと想念が起きたのではないでしょうか」

この言葉はとても印象的でした。

私も、息子を失って半年くらいあと、子を喪失した人々はどのように悲しみを乗り越えていったのか、とても知りたくなったことがあるからです。生きるヒントがほしくて、作家や歌人が喪失に直面した時に書き残したものを手当たり次第に探しました。

そして、やはり彼らにも、そうした啓示があったことがわかりました。

Sさんの手紙や、「こころの絆をはぐくむ会」での対話、これまで会ってきた多くの人の話も合わせて考えると、悲しみの中で「忽然《こつぜん》と啓示が起こった」人は、決して少なくないようです。

なぜそういう気づきが突然、起こるのでしょうか。私にもいまだにわかりません。

おそらく、この女性が語ったように、悲しみで敏感になり、救いを求めるようになった心に、さまざまなことが知らず知らず蓄積されているのです。それがある時、何かに触発されて、予期せぬ形で瞬間的に心に現れてくるのではないでしょうか。

それでも「よりよく生きたい」願望は生き残る

ハンセン病の治療などで大きな業績を残した精神科医・神谷美恵子《かみやみえこ》さんは、名著『生きがいについて』で、別離の悲しみを乗り越えさせてくれるものについて、興味深い示唆《しさ》をしています。

「愛する者に死なれたひとは、もう生きて行きたくないと思うような悲歎《ひたん》のどん底にあっても、なお自分の肉体が食物を欲することを悲しむ。このように、生きがいをうしなったひとはいわば肉体にひきずられて生きて行く存在である。『生ける屍《しかばね》』とはこのことをいうのであろう。

しかし、いかに精神が肉体をうらめしく思うことがあっても、生きがい喪失という危機をのりこえさせてくれるものは、この場合、肉体の生命力そのものかも知れないのである」

私も、神谷さんの指摘のように、肉体的な生命力に、心の大いなる変化の源泉があるのではないかと感じています。

同時に、人間の心の奥底に組み込まれた「よりよく生きたい」という願望も、悲しみの中で決して枯渇《こかつ》することなく生き抜き、肉体的な生命力を後押ししたのだと思うのです。そして、「よりよく生きたい」という願望は、私たちの中の「本来の自己」から生まれてくるのだと思います。そうでなければ、悲嘆のぶ厚い壁を突き破る力は生まれるわけがないのです。

神谷さんは、さらにこう続けます。

「……深い悲しみが生の流れに投ぜられた石だとしても、流れは常にその石にせかれてしまいはしない。たとえその石を動かすことができなくとも、これをのりこえてやまないのが生命の力であろう。こうしてひとは性《しょう》こりもなく悲しみのなかからまた立ちあがり、新しい生きかたをみいだし、そこに新しいよろこびすら発見する。しかしたとえ発見しえたとしても、ひとたび深い悲しみを経て来たひとのよろこびは、いわば悲しみのうらがえしされたものである。その肯定は深刻な否定の上に立っている。自己をふくめて人間の存在のはかなさ、もろさを身にしみて知っているからこそ、そのなかでなおも伸びてやまない生命力の発現をいとおしむ心である。そのいとおしみの深さは、経て来た悲しみの深さに比例しているといえる」

マイナス感情「ばかり」が残されたら

亡き人との関わり方は、人それぞれです。愛と信頼で深い関係を築いてきた人もいれば、愛を感じられなかったり、信頼を築けなかった人もいます。傷つけ合ってきた人もいます。実際、これまで人生相談を受けた人や、「はぐくむ会」に参加した人の中にも、亡くなった親に愛された記憶がない人、亡き夫に愛想が尽きていた妻、亡き子に裏切られた思いの親などがいました。

そんな状態で残された人は、どのように別離を受けとめたらよいのでしょうか。

たとえば、十年経ってもいまだに亡き母に愛されなかったことに怨念《おんねん》めいた感情を抱いている方は、母親が亡くなった時の気持ちをこう語りました。

「かえってさばさばしています。故人も死んで、楽になったのだと思います」

けれども、これは言葉通りには受け取れないでしょう。

こういう感情表現の裏に、生前、人間関係を深められなかった後悔や、なぜ自分は愛情を受けられなかったのかという疑念、あるいは虚しさや自分の非にさいなまれたトラウマが隠れていると感じられるからです。

そういうトラウマを引きずっているとしたら、苦しみは何重にもなります。どう乗り越えていったらいいのでしょうか。


こういう消息（心の機微《きび》）を、禅では「愛心《あいしん》」と言います。『菩提行経《ぼだいぎょうきょう》』にある言葉です。

「愛心」とは、相手を愛し、相手にこうあってほしいと願う心のことです。

愛する人が自分を愛してくれなかったら、それは苦しいものです。愛すると、どうしても「相手の心が自分の思う通りであってほしい」という執着の思いで相手を見てしまいます。たとえ相手が自分を愛してくれていても、自分の執着通りにしてくれないと、「愛してくれていないんだ」という裏切られた気持ちが強くなり、苦しむことになるのです。

自分の執着心だけで相手を受け止めるのではなく、相手の心になって、そこに自分の心を重ねてみることが大切です。そこから相手の本当の思いがわかってきます。

古来から、「愛は百の目を持つが一つも正しく見えない」「愛は盲目」と言われ、実際その通りなのですが、そこに甘んじていては、愛の心は長くは続きません。

死にたい自分こそ立ち直っていく自分

鬼になれる人の胸のうち

作家の西村滋《にしむらしげる》さんも、愛心に苦しんだ人でした。

西村さんは少年の頃、母親に溺愛《できあい》されて育ちました。世間から物笑いになるほどの溺愛ぶりだったと言います。

ところが母親は、当時死病と言われた結核になり、離れに住むようになります。母親から隔離されてしまった西村少年は、母恋しさと寂しさのあまり、離れに近づきます。しかし、母親はまったく変わっていました。荒れ狂う鬼のような顔をし、罵声《ばせい》を浴びせ、手当たり次第に物を投げつけてきたのです。

西村少年は、母親を憎悪するようになっていきます。

彼が六歳の時、母親は亡くなりました。西村少年は、棺《ひつぎ》の中の母親を見ようともせず、家政婦さんから涙ながらに「せめて棺に花を」と言われても逆らいました。

やがて父親は再婚します。

西村少年は新しい母に愛されようとしましたが、愛されることはありませんでした。新しい母に子どもが生まれると、彼はまったくのよけい者にされてしまったのです。

九歳の時、父親が亡くなります。

その頃から彼の非行が始まりました。何度も家出し、公園などを寝場所にしては警察に保護されるありさまでした。

そのうち、新しい母も家を出て行方《ゆくえ》知れずになってしまいます。

西村少年は、保護施設を転々とするようになり、十三歳の時には愛知県・知多《ちた》半島の少年院にいました。

ある日、少年に面会者が現れます。母親の葬儀の日、棺に花をと言った家政婦さんでした。彼女は、なぜ西村少年の母親が鬼のように変わってしまったかを話しました。母親は、死の床で家政婦さんに、こう語ったのです。

「私は間もなく死にます。

あの子は母親を失うのです。

幼い子が母と別れて悲しむのは、

優しく愛された記憶があるからです。

憎らしい母なら死んでも悲しまないでしょう。

あの子が新しいお母さんに可愛《かわい》がってもらうためには、死んだ母親なんか憎ませておいたほうがいいのです。そのほうがあの子は幸せになれるのです」（『心に響く小さな5つの物語』藤尾秀昭）

西村少年は、この話を聞いて心の底から驚きました。自分を見捨てたと信じ込んでいた母親が、こんなにも自分を愛していたのかと思うと、涙が滂沱《ぼうだ》と流れました。

少年は、立ち直っていきました。

これが、西村滋さんの少年の頃の話です。

亡き人に悪い思い出が抜きがたくあると、どうしても心を閉ざしてしまいます。その本心を思いはかる余裕が持てません。

まして西村少年のように子どもであれば、なおさらです。

一方、残していくわが子を抱きしめてやることもできず、逆に突き離そうと決意した母親の悲しみは、胸が張り裂けんばかりであったに違いありません。

しかし、西村少年はそんなことを知るよしもなく、亡母の記憶を封印してしまいました。心が荒れすさんだのも当然でした。

もし、亡き母の真情が知らされなかったとしたら、少年も母親も、あまりに気の毒すぎます。家政婦さんから真意を知らされ、母を許せただけでなく、いかに自分が深く愛されていたかを知り、自分の存在が肯定されて再生できたのは、危ういハッピーエンドだと言えるでしょう。

私は、母親が亡くなって「かえってさばさばしています」と言った前項の女性に、この西村少年の話をしました。彼女はしばらく黙っていましたが、ようやく口を開き、「できるかどうかわかりませんが、もう一度、母のことを考えてみます」と話してくれました。

今までの価値が無力化する時に価値観が新生する

中国・宋《そう》の時代に活躍した大慧《だいえ》宗杲《そうこう》禅師が、わが子を失って悲しみにくれる父親に、こんな慈愛のこもった手紙を送っています。

「父と子は天与の性分が同一です。（だから）子供が亡くなって父が煩悶もしなければ思量もせず、父が亡くなって子供が煩悶もしなければ思量もしないということが、できるでしょうか。もしむりにおさえつけて、哭《な》くべき時にも哭《な》こうとせず、思量すべき時にも思量しようとしなければ、それはことさら天理に逆らい天性を滅しようとするものです。（それは）大声をはりあげて音をしずめ、油をそそいで火を消そうとする（ような）ものです。煩悶するその時は、まったく（悟りの）のよそごとではありませんから、ともかくよそ事だと想ってはなりません。永嘉《ようか》は『無明《むみょう》の実性《じっしょう》はすなわち仏性《ぶっしょう》であり、幻化《げんけ》の空身《くうしん》はすなわち法身《ほっしん》である』と言いました」

亡き子は自分の分身だから、亡くなって泣き悲しむのは当然である、そればかりか、苦悶することは悟りに至るプロセスだと大慧は言うのです。

その傍証《ぼうしょう》として、大慧は中国・唐の永嘉玄覚《ようかげんかく》禅師の述作『証道歌《しょうどうか》』の言葉を引用しています。

とても難解です。

なぜなら、愛する人を亡くして煩悶している人の心（無明）が、そのまますなわち真実の姿（実性）であり、それがすなわち「本来の自己」（仏性）だということになるからです。文字通り解釈すれば、迷いの心がそのまま本来の自己ということになります。意味が通りません。

そこで体験的に考えてみます。

かけがえのないわが子に先立たれた人は、今まで拠《よ》りどころとしてきた考え方や価値観では解決できず、丸裸にされてしまうのです。途方に暮れてしまい、虚脱感に陥ります。

Sさんも私もそうでした。

つらい人生をこれから生きていけるのか、そもそも自分は生きるのに値するのかと疑い、惑《まど》いうろたえることに嫌悪を覚えつつ、赤裸々な自分と対峙《たいじ》せざるをえなくなります。

そういう「悲しみのステージ」を歩みながら、死別という現実を受け止める自分が生まれてくるのです。

別離の奈落《ならく》から新たな自分を生み出してくれるのは、仏性（本来の自己）と、神谷美恵子さんが言った生命力との働きです。

死別の苦しみの煩悶のおかげで、自分のありのままの心を知り、愛する人の死を受け入れ、自分も生きる意味を見出していく。そのところを永嘉は「無明の実性すなわち仏性」と言ったのではないでしょうか。「すなわち」という言葉には、愛別離苦を乗り越えていくプロセスの意味が込められていることになります。

滅も不滅も生き方の結果

では「幻化の空身すなわち法身」とはどういうことでしょうか。

私たちの個体は幻《まぼろし》の身ですから、必ず滅してしまいます。ですが、生きざまは消えるものではありません。残された者が故人の生きざまから、自分の人生を見直していくことができたら、さらに他の者に伝えていくことができたら、亡き人は消えません。心は永遠となります。

そのところを永嘉は「幻化の空身すなわち法身」と教えたのです。

永遠の愛別の中、悲しみや苦しみからなかなか立ち上がれず、自己嫌悪から自ら命を断つ人もありました。酒などの享楽《きょうらく》に走って忘れようとする人もいました。「人生なんかこんなもの」と強気を装って懶惰《らんだ》な生活に落ちる人もいました。

そういう人を見聞きするにつけ、自分の無力に胸が痛みます。せめて、全国各地で展開されている自死願望の人の苦悩を聞く「いのちの電話」や、「こころの絆をはぐくむ会」(これも全国にできつつある)の活動を、積極的に進めていかなくてはならない、と思います。

こういう消息を禅では**「要思量《ようしりょう》、但思量《たんしりょう》。要哭《ようこく》、但哭《たんこく》」**とも言っています。先の大《だい》慧《え》宗杲《そうこう》の書簡集『大慧書《だいえしょ》』にある言葉です。

「思量を要せば、ただ思量せよ。哭《な》かんを要せば、ただ哭《な》け」とは、愛する者の死を思い悩むなら、ひたすら悩めばいい、慟哭《どうこく》したければ、手放しで泣けばいい」という意味です。

少し突き放したような感じを受けるかもしれません。しかし、これは大慧禅師が、わが子を先に失って悲嘆に暮れる日々に書き送った手紙の中の言葉なのです。悩んで悩み果て、泣きに泣き果てていいのです。喪失の悲しみが必ず溶けてきます。

徹底して思いはかったり、煩悶したりするところから、愛する者との共生の人生を歩める「本当の自己」に出会えるのです。

第二章

虚無苦と私

一人が充足できてこそ二人、三人が面白い

無欲になりたいという欲望に気をつける

祭りのあとが虚しいのはなぜか

五十歳を過ぎた頃から、時々、ふっと虚しさが起きるようになりました。仕事で行き詰まったとか、私生活でトラブルがあったとかいうことはなく、ただ、生きている実感が薄くなった感じがありました。

最初は加齢のせいだと思いました。すでに半世紀以上生きて、気力も落ち気味なのです。若い頃のように大きな夢を抱けませんし、あとどのくらい現役で仕事ができるのかというカウントダウンが始まると、誰でも虚しさが起きてくるでしょう。

そう自分を納得させてみました。

しかし、やはり釈然としないものがありました。

私は人一倍、欲望が多いところがあります。「まだまだ足りない」という意識の強さが活力の増進剤でした。

けれど考えてみると、目的が達成できた時は満足を感じても、またすぐ次の要求へとエスカレートし、やがて実現困難な目的にぶつかります。スムーズに達成できないと能力に限界を感じ、しょせんこの程度か、これ以上期待できないな、と思ったりして虚しくなる面もあるとわかってきました。

「幸福の追求は幸福を妨げる」

これは、ナチスの強制収容所の地獄を生き抜いた精神科医フランクルの指摘です。欲望や要求は際限ないので、いつまでたっても不満が残り、満足させようとすればするほど、幸福から遠ざかるというのです。

だとすると、人間は欲望を追いかけている限り、常に虚無感につきまとわれ続けることになります。

また、虚無感は、私たちが一人で存在する事実と分かち難《がた》く結びついています。たとえば享楽《きょうらく》のあとや、夜中にふと目覚めた時など、何の理由もないのに、背中がスーッとするほどの虚無感に襲われることはないでしょうか。

私たちは、いつも人と関わりながら生きているので、一人であることを忘れがちです。そのため、「孤」が少しでも意識されると、虚空《こくう》の荒野に取り残されたはぐれ犬のような不安に吸い込まれてしまうのです。

いずれにしても、生きている限り、私たちは虚無から抜け出せないのだと思います。だとしたら、虚しさを簡単に悪と決めつけてはいけないのではないでしょうか。白黒をつけてしまうと、嫌なものから早く抜け出したくなり、かえって虚しさが大きくなってしまいます。

虚しさと向き合わなくてはならないのです。一人で向き合い、自分なりに虚無と共生する道を拓《ひら》かなければいけないのです。

虚しさを、感じるだけのものではなく、客観的に学習することが求められているのです。

思いがけない涙

最も密接な人との関わりであるはずの家族にも、虚しさはさまざまな形で現れます。母の虚無の涙に驚いたことがありました。

私は大病して二年遅れで大学を卒業し、迷いつつも禅の修行道場に行くことを決心していました。二歳下の妹はアメリカに留学することとなり、その下の妹はまだ東京の美大生の頃でした。

珍しく家族が全員そろった夕食の後でした。父と母が声高に口論し、玄関に向かって廊下を母がばたばた走り、父が追いかけるような音が聞こえます。ただならぬ騒ぎに、私たち兄妹三人は玄関に急ぎました。

そこには、泣きくずれたようにうずくまる母の思わぬ姿がありました。さらに母の意外な言葉を耳にして本当に驚きました。

「私はおさんどんじゃない」

そう繰り返して言いました。

おさんどんとは、台所仕事専門のお手伝いさんの俗称です。家族に献身的に尽くすことに生きる喜びを感じる女性、というのが母のイメージでしたから、ひどくショックを受けました。

けれど、まだ二十代だった私は「家族に精いっぱい尽くしてきた。それなのに誰も自分のことをわかってくれない」という意味だろうという浅い理解しかできませんでした。そして、子どもたち三人で母に寄り添い、「母さん、みんな感謝しているよ」という言葉をかけるしかありませんでした。

母は目頭《めがしら》を押さえながら立ち上がり、台所に戻っていきました。父は一言も弁解せず自分の部屋に入ってドアを閉めてしまいました。私たち子どもも、いい知れない不安と気まずい思いのまま、おのおのの部屋に戻っていきました。

次の日の朝は、それにふれることを避けるような重苦しい空気でしたが、未熟だった私は、母の心中《しんちゅう》を深く推量することなく、時の経過とともにいつしか忘れていきました。

自分を無にするのは最善とはいえない

最近になって、『私を変えたことば』という本に、作家の柳谷郁子《やなぎたにいくこ》さんの「母の裏切り」という一文を見つけました。

柳谷さんの母は、家を守るため自己犠牲に徹した典型的な明治の無欲な女性でした。四人姉妹は、その生き方に、ただただ圧倒されていました。

歳月が流れ、娘たちはそれぞれ嫁ぎ、家庭を築きます。

やがて母も亡くなりました。葬儀の後、一番上の姉が思いがけないことを話したのです。姉が一人で看病している時、遺言のように母がこう言ったというのです。

「かあさんの人生は失敗だった――」

姉妹は心臓が止まるほど驚きます。それは、後悔とか恨みとかですむような生やさしい言葉ではありませんでした。信じ切っていた母に、いきなり氷の刃《やいば》を突きつけられたようなショックを受けます。

「母は最期《さいご》に自分の人生を否定して去った。父への、私たち娘への、母の裏切り」

と娘たちには感じられました。

しかし、それだけでは母との慈愛に満ちた長い生活が割り切れるものではありません。その言葉は、それから三十年、抜きがたいとげのように心を疼《うず》かせ、答えを迫り続けます。死ぬ間際、どのような気持ちから、裏切りとも思える言葉を遺《のこ》したのでしょうか。

柳谷さんの母が、わが身を尽くして家族を愛したことは間違いありません。けれど、その陰で、ふじ子（母の名）という自分を生きたいという熱い思いが、絶えず噴き上がりそうになっていたのでしょう。

それを圧殺し続けた人生でもあったのです。

「自分という〈個〉のマグマを、せめて娘たちに明かして去ったのだ」

柳谷さんは、次第にそう受け止めるようになっていきました。

マグマは地球の内部にある高温の流動物体で、火山の噴火で地表に出ると大災害を引き起こします。人間は誰でも、欲望というマグマを秘めた惑星だと言えるかもしれません。人には社会的な役割があります。役割に徹して生きることは尊いと思うのです。私の母も、妻そして母としての役割を粛々《しゅくしゅく》と果たして生き抜きました。

しかし、その一方で、自分の望むように生きたいという〈個〉のマグマを、私の母も秘めていたことに気づかされました。

柳谷さんの母の心中にも、役割を果たして献身する人生と、あるがままの自分を生きる人生という相反する二つが葛藤していたのでしょう。

献身的だった生き方を肯定し、よき母として去っていきたいとも思ったに違いありません。でも、死を前にして、女性として、人間として、自分の人生を生きられなかったこと、役割を果たすことだけが幸福ではないということを告げずにはいられなかったのです。

人間は、死という無限の虚無の前に一人立つ時、本当の思いを偽れなくなります。死ぬ間際まで封印してきた思いを娘に告げた苦悩を思えば思うほど、母の愛情の深さが柳谷さんに切々《せつせつ》と伝わってきたのです。

母の〈マグマ〉を、母性に反する身勝手な欲望だとは言えなくなったのです。当時は、姉がつぶやいた「おとうさんには絶対に言えないよね」という言葉にうなずきましたが、そうではないと思い直したことでしょう。

「母と同じ愛と苦悩の上に〈私自身〉を生かすのでなければ、本当に母の思いの届く仇討ちにはならない」

四人の子どもを産んだ柳谷さんは、そう生きる覚悟を決めました。

「若い時は」と言う前にやるべきこと

柳谷郁子さんの胸に迫る一文に接して、自分の母の「私はおさんどんじゃない」という言葉が、三十有余年の時間の壁を突き破ってよみがえり、それに込められた母の思いが、ようやく理解できてきました。

家庭のために身を尽くした日々が去り、生きがいにしてきた子どもが手元を離れ、それぞれの人生に旅立っていった時、母は心底寂しかったのだと思います。

今までの人生が消え去ってしまったという感覚にとらわれたに違いありません。思い出だけでは生きられない人生を、これから何を生きがいに生きればよいのかと、虚しさに襲われたのです。

その苦悩を夫も子どもも理解しない、自分も言葉に出せない、その孤独が虚しさを倍加して、あの思いがけない言葉になったと思うのです。

のちに聞いたことですが、母は若い時は東京で生活したこともあり、派手な服装が好きで、自由奔放《ほんぽう》とまではいかずとも、自分の考えを結構はっきり言う人だったそうです。

母にも燃えるような〈個〉のマグマがあったことは間違いありません。そのごく一部分が虚無によって噴火し、地表に出たのでしょう。

柳谷さんの母も、私の母も昔の人です。現代では、こうした母の葛藤など考えられないことかもしれません。ジェンダー（社会的、文化的な性差）の観点からすれば、さまざまな見方ができるとも思います。

けれど、どんな時代になっても、母性愛がある限り、子が成長して巣立つ時、母は虚無に出会わざるをえないのです。その時に味わうつらさは、人間として、女性としての〈マグマ〉を封印して生きることを許さない力を持って迫ってくるのです。

虚しさとの対決が避けられないものだとしたら、そういう状況になる前に自分と向き合い、覚悟を育てていかねばならないと思うのです。

そこに人間としての成長があるに違いありません。

そういうことを柳谷さんの母も、娘たちに望んだのだと推察するのです。

こういう消息を禅では**「現成公案《げんじょうこうあん》」**と言っています。有名な公案集『碧巌録《へきがんろく》』にある言葉です。

「現成公案」とは、私たちの目の前に現れているものごと（現成）を人生の課題（公案）として取り組んでいくことを意味します。

自分を「おさんどんじゃない」と言った母は、私たち子どもが次々と結婚すると、次第に変わっていきました。自分の思いや感情を隠さず口に出すようになりました。

また、家では犬を飼っていましたが、その愛犬が死ぬと、猫を何匹も飼うようになりました。そして「好きだ」と言っていた水彩画を習い始めたのです。

母は決して「できた人」ではなかったかもしれません。けれども、母なりに現実を受け止め、わが道を歩き出したことは間違いありません。九十一歳になった現在も、心身が多少丸くなりましたが、お陰で元気です。

母を見ていて、これが母なりの「現成公案」のかたちだったとも思うのです。

生きがいには、よりかかりすぎないほうがいい

業績に自分の目だけがくらんでいく

仕事がもたらす虚しさにも、私たちは対処の筋道をつけておくべきでしょう。

仕事は生活の糧《かて》であると同時に、生きがいをもたらし、人間を磨いてくれる場です。しかし、同時に不条理の塊《かたまり》でもあります。

たとえば、自分の努力や能力が評価されず、軽んじられたり左遷された時。

派閥や社内政治でものごとが決まり、正論が封殺される時。

自分のせいではないのに責任を問われ、責任を取らされた時。

他部署の怠慢や競合他社の汚い手などによって自分の頑張りが立ち枯れてしまう時。

変化についていけず、限界を感じた時。

ライバルや同僚が自分より先に昇進したり、好適なポジションについたりした時。

大嫌いな上司や部下と今日も明日も一緒にいなければならないと嘆く時（怨憎会苦《おんぞうえく》）。

そんな時、「しょせんは将棋の駒《こま》」という無力さが拍車をかけて、耐えがたい虚無に見舞われます。

ノンフィクション作家・滝田《たきた》誠一郎《せいいちろう》さんの『会社ニモ負ケズ人生ニモ負ケズ』は、試練を乗り越えて人生を切り開いた十人のサラリーマンの実体験を収録した本です。

ここに、入社後わずか十年で支店長に抜擢《ばってき》された永井修司さんという方が登場します。異例の出世をしたのは、「仕事では誰にも負けない。将来、社長になるのは自分しかいない」と思うほど自信があり、実際がむしゃらに働いて好成績を上げたからです。

当然、嫉妬《しっと》され、根も葉もない中傷を次々と浴びせられます。

しかし、自信家の彼は、「業績を上げさえすれば文句など消えていく」と、かえって強気になっていくのです。

トップに立つには業績や力量だけでなく、「あいつなら許せる」という人間力が重要であることなど念頭にありませんでした。「これほど中傷を受けるのは、自分に問題があるのでは？」と自分にフォーカスを当てることなど考えもしなかったのです。

その結果、支店長就任から五年目に、社長から思いがけない人事異動を命じられます。地方の傍系会社の社長に就任せよというのです。そこは赤字続きの不良会社でした。

永井さんは「本社から追い出された。これでは出世コースから完全に脱落してしまう」

と、ひどく落ち込みました。
でも、社長命令でした。

自分のための生きがいでいいのか

結局、傍系会社を日本一にしてみせると気を取り直します。強気の彼らしく、本社に戻れる「出向《しゅっこう》」を拒否し、傍系会社に骨を埋《うず》める「転籍《てんせき》」にしてもらいました。後戻りできない状況に自分を追い込んだのです。

それから十年以上、全力で頑張りましたが、ついに一度も黒字になりません。負けん気の強い永井さんに、これは打撃でした。慣れない土地での単身赴任と激務もあいまって、心身共に壊れてしまい、さすがの彼も十三年目に、「もうダメだ」と判断せざるをえなくなります。

社長の座を降りようと決意した時も、「もはやサラリーマン落第だ」「まだまだ出直せる」という二つの考えが錯綜《さくそう》するほど会社人間になっていた永井さんは、生きる気力を喪失してしまいます。

自宅にいて、今日も何もすることがないという現実。仕方なく、庭の草むしりを始めます。そして、草をむしりつくし、一本の草もなくなった庭を見て、永井さんは茫然《ぼうぜん》とします。

「一日中、草むしり以外に何もすることのない辛さ。その草むしりさえもうする必要がなくなってしまった寂しさ。サラリーマンを落第してしまったことに対する無念さ。……本社で役員として活躍している同期の仲間に対する嫉妬」

そんなさまざまな思いが胸に迫り、涙がとめどもなく流れました。

これから先の自分と家族の生活のために再就職も考えましたが、就職活動をする気力がわきません。それほど虚無の深い世界に沈んでしまっていったのです。

幸い、会社の先輩が仕事を紹介してくれました。永井さんの熱心な仕事ぶりを見ていた人がちゃんといたのです。

新しい仕事について、持ち前のパワーが次第に再生されていきました。しかも、苦い経験を経《へ》た永井さんは、もはや猛烈なだけの人間ではありませんでした。気負いもなくなり、新人のつもりで基礎知識をマスターし、周囲にも配慮して職場に溶け込んでいきました。

自己本位な我見《がけん》こそ自分を惑わすという懺悔《さんげ》と、そこから生まれた心の余裕が、生き方と仕事の価値観を大転換したのです。

六十歳を過ぎて同窓会に行くと、ほとんどの男は「庭いじりを楽しむんだ」「ゴルフ三《ざん》味《まい》だよ」と、定年後は趣味に生きると言うようです。永井さんは違和感を持ちます。

趣味が生きがいになるものでしょうか。庭いじりやゴルフという趣味ができなくなったら、どうなのでしょうか。虚無に果てしなく呑《の》み込まれていかないでしょうか。

永井さんは、失業中のつらい体験から、生きがいの大切さを学びました。定年後の生きがいは、定年前につくっておかなければなりません。定年を迎えれば、それまでの生きがいだった仕事を確実に失うのです。そんな人生がいかに虚しいか、彼は痛いほど知っていました。

やがて永井さんは、生きがいを提供することこそ自分の使命だと確信するに至ります。生きがいとは何かを考えるヒントを与える場をつくり、求められて講演するようになっていきました。

「生き甲斐を持つのではなく、生き甲斐を感じることのできるような生き方をすることが大切だ」と彼は言います。

生きがいを求めると、かえって生きがいを見失うことになりかねません。「自分の生きがい探し」ではなく、「人に役立つこと探し」がいい、それが同時に自分の喜びとなる生き方がいいと思います。

自転するだけでなく公転もするような生きるスタイルがあれば、おのずと生きがいを感じるようになってくるのです。

与えることが得ること

ある老婦人は、こんな体験をしたそうです。

彼女は花を育てていました。

それが生きがいだったわけではありません。何もしないでいると虚しさに呑み込まれそうな気がして、そんな自分を慰めるつもりで、多少花が好きだったせいもあり、花に向かったのです。

庭が狭いので、塀《へい》の外に植木鉢を並べていました。その前にバス停がありました。ある冬の日のことでした。彼女が水をやりにいくと、植木鉢の一つに封筒が置かれています。こんな手紙が入っていました。

「突然、見ず知らずの者が手紙を書いて驚かれたことでしょう。いつもバスを待つ時に、美しいお花に癒やされ、楽しませていただいています。

実は二ヵ月前まで、本当に精神的に参っていまして、何もかも嫌になっていました。

その日はとても寒く、よけいに落ち込んでいました。でもその時、お宅の塀の前に置かれた植木鉢のお花が目に入りました。こんな寒さの中にも懸命に咲いている小さな花たちにとても勇気づけられました。その心づかいに感謝、感謝です」

彼女は大きな喜びを全身で感じました。それからは、植木鉢で花を育てることが生きがいになりました。他人に生きる力をプレゼントできる行為なのです。こうして老婦人は、虚しさに惑《まど》わされなくなったのでした。

「……自分の生き甲斐だなんていうものは下手に持たないほうがいい。そのほうがタフに生きられるんですよ」と、前出の永井さんは言います。

この逆説的な言葉に、虚無克服の方向が示唆《しさ》されているではありませんか。

自分だけの生きがいは、いつかなくなる時がきます。しかし、他者と共に感じる生き方なら、いつでも、いつまでもできるはずです。


こういう消息を禅では**「明珠在掌《みょうじゅざいしょう》」**と言っています。『碧巌録』にある言葉です。「明珠は掌《たなごころ》に在《あ》り」とは、誰でも持っている「本当の自己」に気づかず、活かさなかったら、宝の持ち腐れになってしまう、もったいなくはないか、という意味です。

この「明珠」を生きがいに当てはめてみましょう。すると、生きがいはもう自分の手のひらにあるということになります。

生きがいとは、お金とか社会的地位とか、人からの評価とか、そういう形のあるものを手に入れることではありません。心が満ちることなら何でもいいのです。

海を見ていて「ああ、生きているんだ」と感じること、人から「この間はありがとう」とお礼を言われて、「してあげてよかったなあ」としみじみ感じること、そんなことを生きがいと言うのではないでしょうか。

幸せがよくて不幸は悪いことなのか

時間はかかるが暗転は好転にもなる

Dさんという銀行マンがいました。

三十歳そこそこで支店長に就任しました。周囲は当然、重役、社長になるだろうと期待していました。

Dさん自身も希望に満ち、仕事をテキパキとこなしました。仕事以外のことにも精力的にチャレンジしました。各地のマラソン大会に参加して体を鍛え、地方の青年会議所のリーダーとしても活躍しました。

人柄も、厳しかった私の父にひと目で気に入られるくらい礼儀正しく聞き上手で、魅力的な好青年でした。

しかし、万事順調に出世街道を突き進んでいた彼に、突然、暗雲が立ち込めます。バブル経済の崩壊の中、勤務先の頭取が銀行を苦境に陥《おとしい》れたとマスコミに非難され、責任を取って辞職したのです。その頭取の信頼がきわめて厚かったDさんにも批判が集まり、職を辞すしかなくなりました。

その後、私の寺に顔を出すこともまったくなくなりました。職を転々としているという噂が耳に入るばかりでした。

それから十五年くらい経ったある日、突然、Dさんから電話がありました。私に会いたいと言うのです。

久しぶりに会うDさんは、ガラリと変わっていました。精気があふれ出るような精悍《せいかん》さは、ひとかけらもありません。その代わり、なにか余分なものが抜け落ちて、実に清々《せいせい》しい風貌《ふうぼう》になっていました。

聞けば、ある小さな工務店を任されていると言います。新築の仕事はあまりなく、かつて建てた住居のアフターケアのサービスを自主的にさせてもらっているとのことです。「地味な仕事ですが、お客さんとの対話を大事にしています。お客さんに喜んでもらえた時に、すごく生きがいを感じますね」と述懐《じゅつかい》していました。

かつてのDさんの人生は、すべてと言えないまでも、やはり自分のためだけの人生であったのではないかと思います。

前項で永井さんが極楽から地獄に突き落とされた虚無の苦渋を、Dさんも徹底的に味わったのです。そこから、生きがいは互いに感じ合うものということに気づいたのではないでしょうか。

Dさんの容貌《ようぼう》の変化が、彼の言葉以上に、そのことを物語っていました。

「これこそ」こそが執着だ

Dさんの話を聞きながら、私の脳裏を強烈に貫いた言葉がありました。

「世間虚仮《せけんこけ》
唯仏是真《ゆいぶつぜしん》」

聖徳太子《しょうとくたいし》の言葉で、飛鳥《あすか》時代につくられたわが国最古の刺繍《ししゅう》「天寿国繍帳《てんじゅこくしゅうちょう》」の銘《めい》にもなっています。

この世のすべての存在やものごと、できごとは、みんな仮の相ということです。会社も地位も出世も名声も功績も人間関係も信頼も財産も家族も友人も……いや、命すら仮のものので、絶対的なものはないのです。

それなのに、人間は今あるものを、変わらぬものと思い込み、得たものにあくまで執着してしまいます。さらにそれを足がかりにモアモアと欲望を膨《ふく》らますのです。

しかし、すべて仮の存在ですから、必ず手元から離れていきます。こうして虚しさに苦しむことになるのです。

そもそも人間は年を取ります。この世で与えられた時間は限りがあるのです。厳然として超えられない死が、必ず来るのです。すべての命が死という絶対的な虚無の上に生きているのです。

聖徳太子の言葉が私の心を突き動かした理由は、もう一つあります。

静岡の文化会館サールナートホールを経営し始めて七年目から四年連続、赤字になりました。

その頃、五十七歳の七月あたりから体調が非常に悪くなり、寝られず食べられずという状態になってしまいます。背中に鉛が乗ったように重く、耐えられないほど体がだるい日が続きました。自律神経の不調という以外の原因はわかりません。仕事は可能な限りキャンセルし、部屋にひたすら閉じこもっていました。

ホールの経営難が頭を離れませんが、立て直しの方策を考える気力がなく、体調の先行きも見えず、悶々《もんもん》として、「死」という字が脳裏に点滅する危ない状況になりました。

「これまでの自分の努力は何だったのか。これはという仕事をしていないではないか」

「禅僧として多少は修行し、年も重ねて心をコントロールできるようになったという思いがあったけれど、こんなありさまではただの思い上がりにすぎなかったのか」と、虚無の感情がどんどん心を支配し、世界の果てに転がり落ちていきそうでした。ここまで追いつめられたことはありませんでした。

その年は九月末まで三十五度を超す酷暑が続きます。私の無気力と虚無の日々も、いつ果てるとも知れず続きました。

その気になればあらゆる存在があなたを励ます

そんなある日、居間のソファから、ふと庭に目をやりました。うだるような暑さの中、凛《りん》と天に伸びる一輪の小さな赤い花が目に飛び込んできました。

「この暑さの中、自分なら二、三分だって立っていられないだろう。あの花の生命力を少しでもわけてほしい」と心底思いました。

それから、この花が気になって、朝も昼も見ました。次の日も、その次の日も咲いているのを見て、何かほっとしました。同時に、こんな気持ちを呼び起こしてくれたのです。

「あんな小さな花も命一筋に生きているではないか。自分もこんな体だけれど、今、生きているのは間違いない。だったら、今、できることをやってみよう」

自分にはまだ生きようとする生命力の残滓《ざんし》があったのだ、と感じないわけにはいきませんでした。

「今、できそうなのは本を読むことぐらいだ。こんな無気力で読むことができるのか。読めても理解ができるのか」という不安の中で本を開きました。ほとんど寝ていませんから、活字を見ても目がちかちかします。一字一字を指さすようにたどりながら、一行をようやく読みました。もちろん内容はよく頭に入りません。とても疲れました。

「時間は十分ある。あせるな、あせるな」となぐさめて、次の日は二行を読みました。そんな弱々しい歩みで、一週間に一ページ進んだだけでしたが、「まだ一ページも本を読む力があったのだ」と思うと、涙が出てきました。

病気はなかなかしたたかで、容易に解放してくれませんでしたが、耐えられない疲労感があっても、本を読もうという意志さえあれば読むことができることがわかりました。

十月の末頃から、気温が少しずつ下がり始めました。それにつれ、一枚一枚薄紙をはがすように、体も楽になっていきました。

元の健康を回復するまで一年かかりました。

今できることから人生は開けていく

私の心の転換はどうして起こったのでしょうか。一輪の花に生気を鼓舞《こぶ》されるまでの心のプロセスをたどってみます。

不調になり始めた頃は、健康の自信なんてもろいもの、保障などないはかない命を生きているのだと、頭では思っていました。でも、虚しさを敵だと決めつけ、嫌っていましたから、それに負けまいと抵抗しました。早く直さなくてはとあせりました。でも、日増しに悪化していくのですから、落ち込み、心労をため込んでしまうのでした。

次第に「虚無から抜けだすことなんてできない。自分なんかどうでもいい」という自暴《じぼう》自棄《じき》の心境になっていきました。ただ、家族に迷惑はかけたくないから自殺だけはやめようと思いました。

それから何日か経って、「もうもがくのはもうやめよう。病気から逃げず、わが身を任せるしかないのではないのか」と腹が据《す》わり始めました。すると、心が落ち着いた気になりました。

こうして、あれほど嫌っていた病気や虚無と、共生できるかもしれないという気持ちになっていきました。そんな心境になっていた時、あの一輪の花と出会ったのです。

さらに思うのですが、人間には秘められた「復元力」が本来植えつけられていて、それがわずかに残っていた生命力を呼び起こし、さらに強くしてくれたのだと思うのです。

「悩んで、悩んで、悩みぬけ。苦しんで、苦しんで、苦しみぬけ。その果てにおいてこそ、私たちに真の希望が届けられてくるのだから……」（『生きる意味』諸富祥彦）

フランクルの言葉です。

敵だと思っていた虚無こそが、私の再生の原動力になったのです。

人生で最大の危機を私はなんとか切り抜けました。そして、人間は苦しみ抜く時に人生の学習をするものだと知りました。

虚無からは絶対に逃避できないのですから、虚無に徹するしかないのです。天気を変えることができないように、自分の命の状態を変えることはできないのです。

今、できることを誠実にやることで、人生は開かれていくと得心《とくしん》できました。

よくある「二人の自分」は両方とも本当の自分ではない

ここで、最近の私が「本当の自分」に戻ることによって、いかに苦痛から脱出できたかを、恥ずかしながら体験的に告白しましょう。

先日、ぎっくり腰になってしまいました。立ち上がることもできず、寝返りを打つにも腰に激痛が走ります。下着を着る、風呂《ふろ》に入る、移動する……いずれも恐る恐るで、時間をかけなければできません。尾籠《びろう》な話で恐縮ながら、トイレでお尻《しり》を拭《ふ》くのも大変でした。あまりの痛さに仕事もできなくなり、自分一人になって居間の椅子に座っていました。そして、ぎっくり腰の原因はどこにあるのか、考えました。

「直接の原因は仕事が忙しかったからだ。重い事典を持ち上げる時、うっかり悪い姿勢を取ったからだ。やはり疲れがたまって無理をしたせいなのだ。けれど、もっと本質的な原因は、日頃の姿勢が悪いことにあるに違いない」

そう考えた自分を「理性的な自分」と言っていいでしょう。

ところが、理性的な自分はいとも簡単に排除されます。

妻が「あなたは禅僧なのに、坐禅の時以外は背中が丸くなっている。姿勢が悪いことが原因よ。腰にいいスクワット体操を教えてあげようか」と言ったからです。

確かにその通りだと思いました。同じことを娘に言われたなら素直に応じたでしょう。それなのに、妻に言われると、すぐには受け入れられないのです。感情が乱され、理性が立ち消えて、代わりにむらむらと起き上がってきたのはエゴイスティックで感情的な自分でした。

どうにもならないので専門医に姿勢を直してもらいました。骨盤のずれや背骨の状態などを指摘され、直してもらうと、少しは楽になりました。

しかし、家に帰ってしばらくすると、やはり長く同じ姿勢ではいられません。椅子に座っても、立ち上がるのが困難なありさまです。

しかたなく、妻にスクワット体操を伝授してもらうことにしました。

やっていると、「言われるままにやるのは嫌だ」「めんどうくさいなあ」「こんな格好、人に見せられない」「これも加齢か、情けない」という思いが次々と起こります。けれど、何としても早く体の苦痛と不自由さから解放されたいという一念でやり、ようやく妻に合格点をもらいました。

その後は、体操をして少しよくなっては元に戻り、また体操をして少しよくなり……という繰り返しの中で、日に日に楽になっていったのです。

十日ほどして専門医に診てもらうと、骨盤のずれや背骨の状態が改善されており、もう大丈夫ということでした。

感情的な自分と理性的な自分が争い、感情的な自分が勝ったのですが、ぎっくり腰の苦痛の中で、「もはや意地を張っている場合ではない。感情的な自分ももう降参だ」と、両方の自分を捨てざるをえなかったのです。

つまり、「普通に考えている自分」を二人とも空《くう》じてしまったのです。そうなったら、実に素直に体操に打ち込めるようになりました。「素直な自分」が働き出してから、ようやく快方に向かうことができたのです。

この「素直な自分」こそ「本当の自分」だと言いたいのです。

何か問題があって迷ったり、悩んだり、苦しんだ時には、エゴイスティックな「普通に考えている自分」ではなく、「本当の自分」に戻ることが大切です。

例がずいぶん卑近《ひきん》だと驚くかもしれません。

しかし、「空」「本当の自分」と言っても、難しく考えるだけではだめなのです。「寂しいなあ」とか「苦しくてたまらん」といった日常の瞬間瞬間に実践的に理解することが大切なのです。


これを禅では**「任運《にんぬん》」**と言っています。最古の中国禅宗史である『祖堂集《そどうしゅう》』の巻十四「馬祖道一《ばそどういつ》」にある言葉です。

「任運」とは、自然のままに任せて、自分の分別を働かせないことです。

生きていると、いいこともあれば、悪いこともあります。「いい悪い」「幸不幸」を分別していると、いいことがあれば有頂天になり、悪いことがあれば生きる気力をどんどん失ってしまうというようにふらふらした生き方になってしまいます。それよりも、自分が置かれた現状にあーの、こーのと逆らわず、「これも世の流れ」とでもつぶやいたほうがいいのではないでしょうか。

そのほうが大らかに生きられます。

二人でいても「ありがとう」、一人でいても「ありがとう」

病を得て初めて得られた視点

ところが、そういう境地になれたものの、元気になってきますと、苦しみも得心も次第に薄れてしまうのです。回心《えしん》に何かが足りなかったのです。

でも、『ありがとうの詩』という本にあった詩との出会いから、また大切なものを悟らせてもらいました。

村松美由紀さんは、仕事と三人の子育てに励み、ママさんバレーにも熱中する明るくパワフルな主婦でした。

ところが突然、四十代なかばで脳内出血で倒れてしまいます。麻痺《まひ》は残りませんでしたが、両目の左側の視野を半分失いました。しかも脳内に未破裂の動脈瘤《りゅう》があることが判明しました。手術は危険で、効果が出るのに二、三年かかるガンマ線治療しかないと医師に言われました。

血圧が急激に上がるため、激しい運動はできなくなりました。これまで元気いっぱい生きてきただけに喪失感《そうしつ》が大きく、なかなか現実を受け入れられません。頭の中に爆弾を抱えている死の恐怖にも押しつぶされそうで、生きる気力を失いそうになりました。

これではいけないと自分を立て直す努力を始めた中で、村松さんは健康な時には思い至らなかったことに思いが至るようになっていくのです。

その契機になったのは、家族や友人たちの支えと、乳がんと戦ったことのある義姉の励ましでした。彼女は、自分の回心を「今、ここに、いられる。ありがとう！」という詩にしました。

「当たり前」だと　思っていた。
「当然！」だって　思っていた。
明けない夜は無い！って　思っていた。
来ない朝も無い！って　思っていた。

明けない夜は　無いけれど
来ない朝も　無いけれど

今は…
目覚めた事が　凄《すご》く　嬉しい。
出逢《であ》えた事が　凄く　嬉しい。

失ったものは　大き過ぎて…
亡くした事が　悲し過ぎて…
下ばかりを　見ていた。
俯《うつむ》いて　泣いてばかり　いた。
周りを　見渡す事を　忘れていた。
顔を　上げる事さえ　忘れていた。出来なかった。

でも…
あなたが　教えてくれた。
あなたが　気付かせてくれた。
今まで　全然　見えて　いなかった　もの。
今まで　全然　見ようと　しなかった　もの。

まわりにあった「宝物」
「ありがとう」（以下略）

こと人生では当たり前が宝物

私はこの詩に感動しました。そして自分に足りなかった大切なものを学ばせていただきました。

それは、彼女が倒れる前に当然と思い込んでいたものが、すべていただきものであり、宝物であることに気づいたことです。健康、運動能力、仕事するパワー、支えてくれる家族や親戚《しんせき》、友人、毎日朝が来て夜が来るということ、さらに病気でさえもいただきものであることに、私も気づかせてもらったのです。

村松さんは、元気な時よりもっと深く、生きている実感を見出したことでしょう。そういう心境に至った時、「ありがとう」と心の底から出てきたのです。

「ありがとう」とは、「有《あ》ることが難《かた》し」ということです。すなわち、いつ死んでもおかしくない命を今、生きているということです。今、生きていることがもっともありがたいということです。

私の長男はたった八ヵ月しか生きられませんでした。だから痛いほど、今、生きているということは、生きていることを許されていることだと感じるのです。

村松さんも、動脈瘤というい つ爆発するかわからない爆弾を抱えて初めて、許されて生きていることが身に染みてわかったのです。だから、失ったものが多くても、「ありがとう」と言わずにはいられなくなったのです。

不利益にも学習効果という含み益がある

唐代に百丈懐海《ひゃくじょうえかい》という偉大な禅者がいました。中国の大地に禅を根づかせた禅師《ぜんじ》です。

ある日、弟子が百丈禅師に、こう尋ねました。

「この世で一番、ありがたいことは何ですか」

「独坐大雄峰《どくざだいゆうほう》」

と禅師は答えました。

「今、生きてここに坐《すわ》っていることが一番ありがたい」というのです。

稀有《けう》な評論家・小林秀雄《こばやしひでお》は、今、奥さんとお茶を飲んでいる、そこが極楽と思わなかったら、どこにも極楽はない、というようなことを言っていました。

これもつまり、どこにいても、何をしていても、今、ここに生きていることがありがたいということです。

普通、私たちはなにか特別のことがあった時、ありがたいと思います。親切にされた、宝くじに当たった……。でも、考えてみると、命があるから親切にされるし、宝くじに当たることもできるのです。

人生には嫌なこともたくさん起きます。人に傷つけられた、病気になった、株価が下がった……。そんな時「ありがたい」とは言えないかもしれません。

でも、そうではないことがもうわかったと思います。生きているから、嫌なことに遭うのですし、人生の学習もさせてもらえるのですから、やはり「ありがたい」なのです。

しつこい感情群は放置する

今年の四月、妙心寺《みょうしんじ》本山の仕事で、十日ほど山梨県のお寺で法話をして回りました。ある日、山深い鄙《ひな》びた温泉旅館に泊めてもらいました。ほかに宿泊者も見あたらず、周囲に本屋やコンビニなどもなく、ひどく寂しくなりました。

翌日の朝、気晴らしに散歩しました。山道を上がっていくと、冷たい風が吹き渡り、気持ちがキリッとしました。せせらぎの音が聞こえました。どこまでも澄んだ清流で、心が洗われるようでした。初めは傲慢《ごうまん》にも「こんな僻地《へきち》」と思っていましたが、すっかり気分がよくなり、思わず「今、ここで生きていることがありがたい」と言っていました。

「ありがとう」

この言葉は、口に出すと、心が温かくなり、軽くなります。命を活性化する力があるのです。心が活性化すると、虚無と共に生きる人生が送れるようになります。

だから毎日、よきにつけ悪しきにつけ、何度言ってもいいのです。その分、元気になれるのです。

「ありがとう」

この言葉は、聞くほうも明るくし、活性化します。

私は、こんな当たり前のことに、六十六歳になって本当に気づくことができました。


こういう消息を禅では**「心無罣礙《しんむけいげ》」**と言っています。『般若心経《はんにゃしんぎょう》』の言葉です。「心に罣礙無《な》し」とは、心にわだかまりがないということです。

道に障害物があれば、自由に歩きにくくなります。

日々の迷いや不安、苦しみ、悲しみ……そんな心にかかるもの、つまりわだかまりがあると、心は自由に働かなくなります。さらに、心にわだかまりがあると、不満が次々に出てきます。虚無の感情が強くなり、「ありがとう」と素直に言えなくなってしまいます。

でも、この心のわだかまりは、生きている限り、つきまとうものです。ですから、放っておいてもいいのです。それより、「ありがとう」とスマイルしながら言葉を出してみることです。そうすれば、わだかまりにとらわれなくなります。

第三章

比較地獄と私

自分探しとは人と違う自分を探すこと

比べる幸不幸から自分の幸福へ

比べたがる心はこまめに脇に置く

孤を恐れず、独をいとわず、「一人もよし、二人もよし、みんなもよし」と、生老病死《しょうろうびょうし》いずれの局面にあっても平気で安らげる人間でありたいものです。

そういう人は、自分の絶対的な世界を持っている人です。

しかし、私たちは、相対的な世界にいる場合がほとんどです。他人と比較するわけです。

たとえば幸福がそうです。

容姿、境遇、才能、地位、財産などで、他人と比べて少しでも自分が優れていれば優越感を抱いて幸福を感じます。劣っていれば劣等感を持ち、不幸になります。

あるボランティア協会での講演後、七十歳くらいの婦人から質問がありました。

「私は夫に先立たれ、娘は結婚して所帯を持ち、一人で暮らしています。

ある友人は夫も元気で、同居の息子に嫁と孫がいて、とても仲よくにぎやかなようです。それを聞くと、自分がとても孤独で、みじめになります。

別の友人の家庭は似た家族構成ですが、その友人は嫁と仲が悪く、息子ともぎくしゃくして愚痴《ぐち》ばかりこぼします。それを聞くと、自分がとても気楽で、幸せになります。

幸と不幸の間を行ったり来たりしている自分は、このままでよいのかと考えてしまいます。先生はどう思われますか」

「みんなそうなんだなあ」と思いました。かつては私もそうでした。そして、この比較の桎梏《しっこく》から抜け出すのには時間がかかったものでした。

人と比べてコロコロ変わる幸福感は、真の幸福ではありません。また、家族構成を比べても、亡き夫は戻ってきません。

この夫人も、そんなことはわかっていると思うのです。でも、わかっていても思ってしまうので質問をしたのでしょう。

他人と条件が同じでないと幸福ではない、という考えが心に染み込んでいるからです。特に日本人には「同じ」「普通」という幸福の価値観があり、幸不幸のものさしとして、強烈な力を有していることは否定できません。

それにしても、他人の不幸をネタにして自分が幸福だと考えるのは、あまりにエゴイスティックな気がします。また、「同じ」「普通」を幸福のものさしにすると、一応は安心するものの、「人よりましになりたい」という欲は消せず、不安定な幸福になってしまいます。

私はこの婦人にこう答えました。

「人と比べる気持ちはわかります。それをすぐ改めることは難しいものです。ですから、比較の心はひとまず脇《わき》に置いて、自分が今、一番やりたいこと、すごく楽しいことをやってみることをおすすめします」

ある夕暮れの嫉妬心

私も長い間、他人と自分を比較してきました。

特に若い頃、体を壊して夢をあきらめ、京都の東福寺《とうふくじ》で禅の修行を始めた一年目は、ひどいものでした。

その年の冬は雪が降るのが早く、寒い日が続きました。道場では暖房器具を一切使いません。温暖な静岡生まれの私には、京都特有の底冷えはつらいものでした。

ある日、親友から手紙が来ました。

気力が落ちている時、手紙はうれしいものです。

しかし、神長善次《かみながぜんじ》という同級生が外交官になってアメリカに留学しているという部分を読んだ時、その文字だけが太いゴシック体になったように目に強烈に飛び込んできました。

「彼は優秀だったんだ。すごいな、うらやましいな」と思った次の瞬間には「それに比べて自分は……」と心の中で愚痴が止まらなくなりました。

私の高校時代の夢は外交官になることでした。だから大学も法学部を選んだのです。しかし、神長が外交官の道を華々しく着実に歩いているというのに、自分はどうでしょう。草取り、掃き掃除、肥汲《こえく》み、畑を耕すといった単純労働を繰り返すばかりの毎日です。彼には未来に向かって開かれた明るい展望があるけれど、自分には夢も展望も何もありません。ショックでした。

「負け犬だ。実にみじめだ。自分は無能な人間だ」と思わないわけにはいきませんでした。

ちょうどその日の夕方は、畑のゴボウを抜いて泥を洗う仕事を命じられていました。水道で洗っていると、「水道なんてもったいない。川に行って洗って来い」と上役《うわやく》の雲水《うんすい》に叱られました。

もう薄暗くなっていました。寺の近くの水辺で、手に藁《わら》を巻きつけてゴボウを洗い始めました。流れは手が切れるような冷たさです。再び「みじめだ、哀れだな」という気持ちがこみ上げ、涙が頬をとめどなく落ちます。横にいる雲水にわからないように泣いていることが、よけいみじめでした。

どのくらい時間が経過したでしょうか。ふとゴボウを洗う手が止まりました。

「外交官になるために、大学時代、どれだけ努力をしたのか。要は英語が多少できるだけで、エリートに憧《あこが》れていただけではないのか。だから本気で勉強しなかったのではないのか。夢と言いつつ、しょせんは寺の跡継ぎが嫌で逃げ出すためだったんじゃないのか」

そんな声が心の底から聞こえてきました。

自分は外交官になる種《たね》を本気になって蒔《ま》かなかったことに、ようやく気づきました。私は、種を蒔き、芽が出てくれば育てる努力と忍耐を怠っていたのです。

懸命にやって失敗したのなら、新たな道を探す決意も生まれますが、中途半端で不完全燃焼なので、前向きになれなかったのです。

まさに入門当時の私は、そんなレベルでした。夢を実現した神長に嫉妬《しっと》し、自分は不幸だと思う資格さえなかったのです。

「これさえあれば」の「これ」って何？

国の省庁の上級公務員、弁護士や医師、大企業の会社員はエリートコースであり、それに乗りさえすれば幸福だし、一生が安泰だという信仰に私も陥《おちい》っていました。社会的にも評価され、なんだか格好いいし、経済的にも恵まれているエリートコースに乗り遅れたら社会の脱落者だという思いもありました。

私が外交官という夢を抱いた理由の一部にも、その価値観があったのです。

そういう価値観にとらわれている限り、非エリートコースである僧侶の道に熱心になれるわけがなかったのです。

確かにエリートコースに乗れば、やりがいもあるでしょうし、自尊心が満たされます。けれども、エリートコースに乗りさえすれば幸せになれるという世間のものさしに単純に従うだけでよいのでしょうか。はたして本当に生きがいを感じることができるでしょうか。幸福が保障されるのでしょうか。

道場に行くまで、私はそこまで考えていませんでした。思慮の浅い、薄っぺらな人生観しかなかったのです。

このような消息を禅では「**浅水無魚**《せんすいむぎょ》、**徒労下鈎**《とろうかちょう》」と言っています。中国禅宗史の基礎資料である宋代の仏書『景徳伝燈録《けいとくでんとうろく》』の「韶山寰普章《しょうざんかんぷ》」に見える言葉です。

「浅水魚無《せんすいうおな》くして、徒《いたずら》に釣《ちょう》を下《お》ろすことを労《ろう》す」とは、浅い流れには魚がいないから、いくら釣り糸を垂れても魚は釣れず、徒労に終わるという意味です。

世間のものさしを自分のものさしにしてしまうような底の浅い生き方をしていたら、心の幸福など見つかるわけがないのです。

比べないだけで世界はずっと住みやすくなる

決める時、ちらりと「隣」を見てないか

弁護士の大平光代《おおひらみつよ》さんと、医師の鎌田實《かまたみのる》さんの『くらべない生き方』という対談集があります。彼らはどのようにして、借りものでない、自分らしい独自の生きる価値観を生み育てていったのでしょうか。

大平さんが体験を綴《つづ》った本『だから、あなたも生きぬいて』は、ベストセラーになりました。彼女は若い頃、非行に走りましたが、二十代で司法試験に合格します。三十代は弁護士として活躍し、大阪市助役も二年間務めました。その後、結婚し、娘を出産します。ところが彼女は弁護士のライセンスを放り、国政参加の道も捨てて、兵庫県の田舎《いなか》に移り住むのです。仕事をマイペースでこなし、ダウン症のわが子と生き、趣味を満喫《まんきつ》しています。四十歳になったら僧侶の道を歩きたいとも語っています。

鎌田さんは、長野県の諏訪《すわ》で独自の地方医療に携わってきました。末期がん患者のケ

ア、イラクや、ロシアのチェルノブイリなどでの国際的な医療支援活動もしています。
二人の対談が実にいいのです。

鎌田　大平さんの生き方を見ていると、幸せに生きることと、弁護士や医者のライセンスを持っていることとは、まったく関係がないのだと改めて思います。

大平　そうですね。ライセンスは幸せに生きるための手段になるかもしれませんが、ライセンスを持っていることイコール幸せではありません。いまどのように生きるのが幸せかというのは、いま自分にとって大切なものは何かということです。……

鎌田　人とくらべながら、自分の人生を選択することはないですよね。僕の場合も、最初から地域医療に人生を懸けるなんていう覚悟があったわけではありません。同級生たちがどんどん偉くなっていくことに焦り、友人も親戚《しんせき》もいない見知らぬ土地で、不安ばかりが募っていた時期もありました。何度東京に帰りたいと思ったことか。でも、そう思うたびに、地域の人たちに引き止められ、自分が必要とされている人間であることを実感していくのです。

大平さんは、世間的に価値があるものを迷いなく捨てています。

鎌田さんは、自分が選んだ道に迷いながら、「死に水を取ってもらいたい。ここにいてほしい」と地域の人に頼られて、思い直して居続けているうちに、他人と比べることには意味がないと気づいています。

「……自分自身と向き合い、生きていることを感謝したり、人との出会いを素直に喜べたりするほうが、ずっと豊かなことです。くらべないことが、人生にどれほどの価値をもたらしてくれるのかを知ってほしい」とも、大平さんは言っています。

「彼らは例外だ。有能だし、選択できる状況にいたから、新しい価値観を見出せたんだ」と思う人があるかもしれません。

でも、鎌田さんは、比べない生き方のほんの一部でもいいから、こだわってみたらどうかとアドバイスしています。「自分は人とはちょっと違うぞ」と思って生きたほうが人生はおもしろくなるし、チャンスも広がると提言してくれています。

どのような状況でも、自分がどういう選択をするかは、自分次第です。私は鎌田さんのこの言葉を信じても、損はないと思うのです。

種はこう蒔く

私は東福寺の体験から、道場を出た時は「やってみたいこと何でもいい。ともかくやってみよう」と心に決めました。自分に合った生き方を見つけようとか、独自の生き方をしようとかいう気持ちはありませんでした。

人生の目的や価値観を築きたいという思いはもちろんありましたが、ともかくやったことのないことをやって、種をいくつも蒔けば、一つくらい芽も出るのではないかという気楽な気持ちでした。やる前から、向き不向き、好き嫌いを考えてしまうと何もできなくなってしまうので、心を気楽に保ったのです。

それに、もう世間的なエリートコースから外れていましたから、旧来の価値観に振り回される必要もなかったのです。

その頃の私なりの「がむしゃら史」をあげてみましょう。

●高校の英語講師を五年間つとめる
●布教師《ふきょうし》の資格を取って全国の地方の同じ宗門の寺院を法話して回る
●仏教の経典《きょうてん》と禅の語録に受験勉強より打ち込む
●静岡新聞が主催する「公共心」の論文コンクールに応募
●海外視察団員に選ばれて臨時記者になり、イギリス、フランス、スイス、当時の西ドイツ、アメリカなど七ヵ国の取材三十五日の旅をしました。
●回峰行《かいほうぎょう》

比叡山《ひえいざん》の山道を、夜の暗闇の中、二日で六十キロをひたすら歩く行です。

●臨済宗《りんざいしゅう》青年僧の会を仲間と結成

情報誌を発刊して、五千の寺院に配付。全国的に取材活動し、さまざまな分野の方にもインタビューしたものです。

●東京原宿で辻説法《つじせっぽう》し、南無《なむ》の会の講師に選ばれる

南無の会は、宗派を問わず広く仏教を学ぶ人の集まり。当時は会長が東京三田《みた》・龍源寺《りゅうげんじ》の松原泰道《まつばらたいどう》師、道場首管《しゅかん》が教育者で僧侶の無着成恭《むちゃくせいきょう》さん、事務局長が東京大田区池上《いけがみ》の本門寺《もんじ》の酒井《さかい》日慈《にちじ》貫主《かんしゅ》など多士《たし》済々《さいさい》でした。

●いろいろな企業に講演に行く

●静岡で他宗の仲間と喫茶店で毎月、辻説法の会の運営をする

●他宗の僧と勉強会

●小学生の坐禅《ざぜん》会とスポーツ少年団への関わり

●二、三千人が参加するわらべ地蔵祭りを毎年開催

●地蔵祭りの運営のため青年部を組織する

●インド仏跡や中国祖師の地を巡拝《じゅんぱい》する

●カルチャーセンターの講師

●単行本の執筆

一地方寺院の駆け出し青年僧だった私が、手当たり次第にトライできたのは、「今の僧侶なんか、何もやっていないじゃないか」という青年会議所のあるメンバーの言葉を否定したかったからです。今から考えると、ずいぶん思いあがっていたものです。

また、松原泰道師の息子でもある松原哲明《てつみょう》師が、「来た仕事は断ってはダメだよ。若い時は取捨選択する力なんてないのだから、断るなんておこがましいと思うよ」「自分の力など知れたものだけれど、何もしなければ何も生まれないし、変わらない」とアドバイスしてくれたことも、鈍臭《どんくさ》かった私をぐんぐんと後押ししてくれました。

ちょっとの違いが大きく輝く

大学時代までの私は、机に向かって音楽を聴きながら本を読むことが好きでした。新たな挑戦とか、何かをつくりたい、主張しようという積極性はほとんどありませんでした。

でも、修行でゴボウ事件などさまざまな体験をしたことと、道場を出たあとに松原哲明師などきわめて活動的な青年僧に会ったことは、私に強烈な力を蓄積してくれました。

三十代の十年間、私は宗門で認められるような仕事や、社会的に評価されるような活動をしたわけではありません。

それでも、多くのことにトライすることによって、いつしか従来の寺院の活動の枠《わく》を超えてしまったようです。閉塞《へいそく》している旧態依然《きゅうたいいぜん》とした世界から広い社会に出たことは、大きな収穫でした。

次には、そういう体験を仏教、禅のフィルターを通して深めなくてはいけないのですが、それはともかく、がむしゃらな日々の中で、「今までやったことのないことをちょっとやってみるのは本当に楽しい」という喜びと「他人とはちょっと違った生き方をしている」という一種の自負が生まれてきたのは事実です。

鎌田さんのすすめを実践して「ちょっと違うことをやってみる」のは、実に多くのメリットがあることに気づきました。これは私にとって大発見でした。

以前よりエネルギッシュになった私の心境にピッタリで、いい励みになった詩がありま す。詩人・八木重吉《やぎじゅうきち》の「心」という詩篇にあります。

さがしたってないんだ
じぶんが
ぐうっと熱がたかまってゆくほかはない
じぶんのからだをもやして

あたりをあかるくするほかはない

こういう消息を禅では「**松直棘曲**《しょうちょくきょくきょく》」と言っています。『碧巌録《へきがんろく》』の著者である圜悟《えんご》克勤《こくごん》の語録『圜悟語録』にある言葉です。

「松は直《なお》く棘《いばら》は曲がれり」とは、松の木は天に向かって真っ直ぐに伸び、カラタチやバラといったトゲのある小木は曲がっている、ということです。

松は松らしく、茨《いばら》は茨らしくあればいいのです。それぞれ特徴は異なっていますが、どちらがすぐれているとか劣っているとか、役立つとか役立たないとか、美しいとか醜いとか、比較をする必要はありません。

私たち人間も、一人ひとりが自分らしく生きればよいのです。そのように生きる時、人とはちょっと違ったことをやってみるとか、違ったやり方をしてみるとかいう工夫が、必ずや光を放つでしょう。

限界感と劣等感からの脱出口

「人生の目的は何ですか」

前出の『会社ニモ負ケズ人生ニモ負ケズ』という本の別の章に、山川紘矢《やまかわひろや》さんという人が出てきます。

山川さんは、東京大学法学部から大蔵省《おおくらしょう》（現・財務省）に入省した、エリートを絵に描いたような高級官僚でした。

もちろんコース選択に迷いはなく、「自分は偉いんだ。エリートなんだ」という強烈な自意識に満ちた日々を送っていました。

ある日、大学の同級生で同期入省の友人が三十五歳で自死しました。葬儀の日に参列者が泣く中で、涙一つこぼさない自分を発見し、人間として普通の感情を置き忘れてきたようで、一瞬、ゾッとしましたが、大きな心の転換には至りませんでした。

でも四十歳の時、「浅い人生を送っていたな」と気づかされることが起こります。

山川さんは国際機関で働くことを目ざして英会話教室に通っていましたが、そこの生徒に誘われて、外国人が講師をしている「体験による気づきのセミナー」に参加したのでした。そこでアメリカ人講師から、「人生の目的は何ですか」と問われて、大きな衝撃を受けるのです。

「……人生の目的とは何かなどということは考えたこともありませんでした。自分にとっての夢は何なのか、本当にやりたいことは何なのか、四十歳になって改めてそれを考えさせられて、目から鱗《うろこ》が落ちたような気がしました」

それまでは、他人の評価や、仕事が自分のキャリアにふさわしいかといったことを考えながら働いていたからです。仕事に心の底からの喜びを感じていなかったことに気づきました。

それ以来、国際機関で働き、形が残るクリエイティブな仕事をしたいと本気で思うようになります。そして世界銀行にかかわる職務を任じられ、三年間に三十五ヵ国も飛び回る多忙な日々を送るようになります。

ところが、四十五歳の時、大蔵省を退職せざるをえない想定外の運命に追い込まれていくのです。

発端はアレルギー性鼻炎でした。次第に悪化し、気管支喘息《ぜんそく》になるのです。発作が始まると一晩中、息ができなくなり、手足が冷たくなっていくのです。医師からも、病状が深刻であることを告げられます。

その、何度かの発作を経て、もはや山川さんは今まで通り仕事をこなせる状態ではなくなっていることを悟ります。妻も大蔵省を辞めることをすすめるようになりました。

エリートコースの大蔵省を辞めることは、自分に「人間失格の引導」を渡してしまうような思いもありましたし、まだ国際舞台で活躍したいという未練もあって、決心はなかなかできませんでした。

しかしある時、突然、涙がこぼれて止まらなくなり、「辞める時が来たんだな」と思いました。ついに大蔵省を退くのです。

その後、「見えない世界」に係わる著作を夫婦で翻訳し、未知の世界を知ります。同時に人生観も著しく変わっていきました。幸福の価値観が一八〇度転換したのです。

その体験から、こう語っています。

「病気になったのは、感謝の気持ちが足りなかったからだと思います。ずっと優等生できて、自分は偉いと思っていましたから、腹のそこから人に感謝するということがなかった。……

その分、何も知らなかった。浅い人生でした。しかし、それが悪いことだったとは思っていません。それが自分の通るべき道だったのだと思っています」

世間的には競争社会から脱落したように思われた彼に、挫折《ざせつ》感などありません。

おかげで自由になれて、怠惰《たいだ》な毎日を送っている、と明るい表情で語っています。

もちろん、エリートコースを選んだ人が、すべて世間の価値観を鵜呑《うの》みにしているわけではありません。公務員なら、国に尽くすことに使命感を持ち、働きがいと生きる喜びを見出した人も多くいることは間違いありません。

先日、外交官だった同級生の神長が、静岡に来ました。夕食をしながら、科学と宗教、あるいは外交など異分野の話題で談論風発《だんろんふうはつ》し、とても楽しく、学びも多い時間を持つことができました。

彼は、現在は退官し、北京大学や埼玉大学の客員教授などをしています。四十年間、外交の任務を誠実に務め、誇りを持ち、確かな生きがいを神長が持っていたことが伝わってきました。

大人物を前にして

「三七七八メートルの富士の山と、立派に相対峙《あいたいじ》し、みじんもゆるがず、なんと言うのか、金剛力草《こんごうりきそう》とでも言いたいくらい、けなげにすっくと立っていたあの月見草《つきみそう》は、よかった。富士には、月見草がよく似合う」

『人間失格《にんげんしっかく》』で知られる太宰治《だざいおさむ》の短編、『富嶽百景《ふがくひゃっけい》』の有名なフレーズです。

山梨県甲府の近くにある御坂峠《みさかとうげ》の茶屋《ちゃや》にこもって仕事をしていた師の井伏鱒二《いぶせますじ》に会いに行き、逗留《とうりゅう》させてもらった時、井伏に迷惑にならないように太宰は散策に行きました。毎日、富士山と真正面から向き合って生まれたのがこの作品です。

月見草は砂地とか荒れ地に、夜にひそかに咲きます。

プロ野球の選手時代に、野村克也《のむらかつや》さんが、いつもマスコミに大きく扱われるセ・リーグの長嶋茂雄《ながしましげお》さんや王貞治《おうさだはる》さんがヒマワリだとすれば、いくら活躍しても評価されないパ・リーグの自分は名もない月見草だと皮肉った、あの花です。

ヒマワリと月見草を、派手なスターと地味な実力派の比喩《ひゆ》として使うのはなるほどと思います。しかし、日本一高い霊峰《れいほう》・富士山と、見落とされてしまいそうな小さな花の対比はミスマッチの気がするのです。

太宰の意図はどこにあったのでしょうか。

すでに文壇での地位を確立していた井伏に比べたら、駆け出しの太宰はまだ無名の小さな存在でしかありませんでした。

いくら井伏を師として尊敬していても、凡庸《ぼんよう》な作品を書いていては、太宰は井伏の力量に飲み込まれてしまいます。

なんとしても独自の作品を創作し、才能と気魄《きはく》を見せてみせると宣言したのが、この比喩ではないでしょうか。

私はこのフレーズに、世間的な価値観によって幸福を判断するような通俗的な生き方をせず、自分なりの価値観をつくり、自分を高めなくてはならないという意志を読み取りたいのです。

世間の価値観を鵜呑みにしてエリートコースを歩くのは、悪いことではないでしょう。しかし、それだけで幸福になれると思うのは、人生を単純化しすぎていないでしょうか。

大切なのは「自分の」と言える価値観をつくることだと思うのです。


こういう消息を禅では**「独歩丹霄《どつぽたんしよう》」**と言います。『碧巌録』に見える言葉です。

「丹霄を独歩す」とは、夕焼けの空の下を独り歩いていくという意味です。

夕焼けはとても美しいものですが、やがて夜が来て闇となる前兆でもあります。自分の道を歩く時も、「この先やっていけるのか」「何が待ち受けているのだろう」と不安になり、人からの評価も気になります。

そんな思いにとらわれず、自分の信じた道を歩いていく時、自分の責任で生き抜く力が育ってきます。

自分の本音で歩いてきた道がどうしても行きづまり、方向転換したいなら、すればいいのです。ただ、人生を他人まかせにせず、独りで歩いていく勇気は失ってはなりません。

できない理由がたくさんある人に

じっとしていては未知の自分は見えてこない

ここで「ちょっと違うことをやる」ことのメリットを整理してみます。

①無理がない

ちょっと違うだけでいいのですから、気楽な気持ちでやれます。むしろそのほうが、体も心ものびのびしてフレキシブルになれ、独自の発想や創造性が発揮できます。無理だったら、すぐ撤退すればいいのです。

②新鮮さがある

未知のことにトライすれば、ちょっと緊張します。それが気持ちを新鮮にしてくれます。

③関心が広がる

今までつき合ったことのない人との出会いが生まれ、知らなかった情報も集まってきます。新たな視点で人やものごとに関心を持つようになります。

④未知の自分に出会える

ちょっと格好よく聞こえるかもしれませんが、未知の自分に出会えるのは事実です。

自分の中には
自分の知らない
自分がある
みんなの中には
みんなの知らない
みんながある
みんなえらい
みんな貴い
みんなみんな
天の秘蔵っ子

栃木県や岡山県の知事を歴任した詩人・安積得也《あづみとくや》さんの、この「光明」という詩を読むと、元気になりませんか。ぜひ声を出して読んでください。

あるマラソン選手が「体が弱かったので、親にすすめられて走り始め、楽しみを知りました。そのおかげで現在の自分があります」と話していました。

私も小学校の頃は虚弱《きよじゃく》体質で、「骨が邪魔してこれ以上痩《や》せられない」と言われたくらい貧相でした。人前で裸になる体格検査が嫌で、その日はよくずる休みをしたものです。運動神経も鈍く、ラジオ体操ではいつもワンテンポ遅れ、水泳もいまだに泳げません。でもソフトボールは大好きで、暇さえあれば壁にボールを投げてピッチャーの練習をしていました。スピードは出ませんが、コントロールがよくなっていくことはすごく励みになりました。

やがて草野球のピッチャーに仲間が選んでくれ、クラス対抗試合ではクラス代表として二塁打を打ちました。二塁ベースに立った感慨は、今も鮮明に覚えています。

こんな身近な経験からも、「自分の中には自分の知らない自分がある」という安積さんの詩に素直にうなずけるのです。

「自分には無理だ」「自分には合わない」と簡単にあきらめてしまうのは、チャレンジを避けたいがために「やらないための理由」を羅列《られつ》しているだけです。

孔子は『論語』で「今女《なんじ》は画《かぎ》れり」と教えています。

教育者で作家の下村湖人《しもむらこじん》は『論語物語』で、この言葉をこう解釈しました。何もないうちに自分の力不足を言うのは生命の冒瀆《ぼうとく》だと。悪そのものだとまで言い切っています。

今ある力を使うことで、まだない力が湧いてくる

「ちょっと違うことをやる」ことのメリットを続けましょう。

⑤自分がわかる

未知なことをやると、自分の力不足がわかります。失敗するかもしれませんが、失敗から学ぶことができます。学べば、再出発の力も生まれやすくなります。

⑥励みをもらえる

自分の力だけでは、ちょっとしたことをやるにしても、すぐ壁や迷いにぶつかります。そんな時、さまざまな人がアドバイスやチャンスをくれるものです。

⑦現行力がつく

人はものごとをやる時、その時に持っている能力、知識、技術、体験、気力、理解力、想像力……などを使います。これを「現行力」と呼ぶことにします。

この「現行力」を使ってものごとに向かうことが「自分なりにやる」ということです。けれどもチャレンジを続けているうちに、現行力も変化して、パワーを増していくもので

す。そんな変化に、個性の芽生えと成長があるのではないでしょうか。

私は、何でもトライすることで、自分の「現行力」を増やしてきたつもりです。また、その時には必ず「ちょっと自分らしくやる」という味付けがされるよう心がけてきました。その繰り返しの中で、向かう仕事に生きがいを感じることが多くなっていきました。

「いい格好してはいけないよ」

私のもはや体の一部になっている仕事に、書くことがあります。

三十八歳の時から、いつの間にか四十冊を超える本を出させてもらいました。まさか、この私がそんなに書き続けられるとは思いもよりませんでした。

学生時代に文章を書いてほめられたことなど一度もありませんでした。

しかし、三十代の後半で「わが子を亡くした悲しみをどう乗り越えたのか」をテーマに単行本を書けとすすめられたのです。

初めての挑戦ですから、ものすごく気張って、四百字詰め原稿用紙で七百枚近い原稿を一気に書き上げました。結果はさんざんでした。二、三十枚を残して、すべて没《ぼっ》でした。

「単行本を書くのは無理だ。そんな能力なんかないんだ」と気力が失《う》せてしまいましたが、一年ほどして、きちんと書くと亡くなった子に約束したじゃないか、中途半端に生きては自分がダメになってしまう、という心の声が強くなってきました。

「もう一度書いてダメなら、きっぱりあきらめよう」と誓って、再チャレンジしました。今度は自分の素直な気持ちを等身大のまま書こうと思い、ようやく出版社から合格点をもらうことができたのです。

結局、三年の歳月を要して発刊することができました。自分には単行本を書く力があったという自信が生まれ、とてもうれしかったことを覚えています。

運よく次の単行本の依頼がありました。出版社から指定されたテーマで書くのです。

そのテーマを自分なりに思考し、図書館や、東京の古書店街・神田《かんだ》神保町《じんぼうちょう》に足を運び、集めた多量の資料を読み込み、章立てをします。

その段階では、主張と材料が頭の中でばらばらに存在しています。もやもやした状況でぶつぶつ言い続けます。

そんなある時、書こうとしている章の趣旨がスーッと頭に浮かびます。すっきりと起承転結が組みたてられる時が到来したのです。

それからもスムーズに原稿が進むわけではありません。気持ちがいいくらい書ける時もあれば、もう書けないと苦しみ、迷い、不安になることもしばしばです。

松原哲明師は「文章を書く時、いい格好してはいけないよ」と言ってくれました。

書いていると、自分を高い境地に置いたり、人を感動させたくなったりして、文章に虚構が入り込み、読者に気持ちが伝わらなくなってしまうことがあるのです。

書くことは、すべて自分の「現行力」に基づいた仕事でした。自分の「現行力」を超えて書くことはできません。等身大の自分でいいのです。

出版社に原稿を渡した日の夜は、妻にも誰にも言わないで、一人で焼酎《しょうちゅう》のお湯割りのグラスを傾けます。やりとげたという達成感が酒とともに心身を潤します。「この気持ちを味わいたくて書いているのか」と言われれば、素直に「イエス」と言いたくなります。

このあたりの消息を禅では**「冷暖自知《れいだんじち》」**と言っています。無門慧開《むもんえかい》の著した『無門関《むもんかん》』は、『碧巌録』『従容録《しょうようろく》』と並ぶ公案《こうあん》集ですが、その『無門関』に見える言葉です。

たとえば自分で水を飲んでみて初めて、冷たいと感じ、味や匂いがわかります。自分で飲まずしては、いくら人から「冷たいよ、おいしいよ」と言われても、水の冷暖や味は自分のものになりません。

そのように、「本当の自己」に目覚めない限り、人生の喜びは自分のものにならないというのが「冷暖自知」の意味です。

人生論的に言えば、トライする前から「これは自分に合いそうにない」とか「やりがいが持てないだろう」などとあれこれ考えるばかりでは、トライすることに臆病になるばかりで、何もつかめなくなってしまうということです。

「あれもない」より「これがあるじゃないか」

条件に左右されないから生きがいなのだ

神谷美恵子さんは、前出の『生きがいについて』の中で、生きがいの特徴を六つあげています。抄録《しょうろく》しましょう。

第一の明白な点は、生きがいというものがひとに「生きがい感」をあたえるものだということである。

第二の特徴は、生きがいというものが、生活をいとなんで行く上の実利実益とは必ずしも関係がないということである。

第三に、生きがい活動は「やりたいからやる」という自発性を持っている。……「させられる」ものではなく、召命《しょうめい》をよろこんでうけ入れる、という自発性がふくまれている。

第四に、生きがいというものは、まったく個性的なものである。借りものやひとまねでは生きがいたりえない。それぞれのひとの内奥にあるほんとうの自分にピッタリしたもの、その自分そのままの表現であるものでなくてはならない。

第五に、生きがいはそれを持つひとの心にひとつの価値体系をつくる性質を持っている。

第六に、生きがいはひとがそのなかでのびのび生きていけるような、そのひと独自の心の世界をつくる。

神谷さんは、私がトライから得た「生きがい」を実に明快にしてくれました。言うまでもなく、頭でいくら生きがい論がわかっても、生きがいは生まれません。まずちょっとしたトライアルありきなのです。

「自分は会社勤め。トライする時間がない」と言う人がいますが、決めつけないほうがいいと思います。

これまでさまざまな分野の人に会ってきましたが、自分なりの生き方をして、自分なりに生きる喜びを見出している人は、一人残らず、職種や時間の有無などの条件に左右されていないからです。時間どころか、お金や健康に恵まれていなくても、生きがいを追求し続けています。

その好例を、ある夫婦の生き方を撮影したドキュメンタリー映画『ハーブ&ドロシー』に見ることができます。

無欲な「好きだ」に自分の世界がある

夫ハーバード・ヴォーゲル（ハーブ）と妻ドロシーは、全米で有名なアートコレクターです。アメリカの国立美術館に二千あまりのアート作品を寄贈しました。

といっても、彼らはロックフェラーのような大富豪ではありません。小金持ちですらなく、ニューヨークのマンハッタンの1LDKのアパートで暮らす普通の夫婦です。

ハーブは高校を卒業すると郵便局員として働き、定年まで真面目に勤めました。美術史に関心があったので図書館に通い、独学で美術を学びます。

ドロシーは大学院を修了後、公立図書館の司書を務めていました。ハーブと出会うまで、特に美術に興味があったわけではありません。

二人は結婚した頃からアートを買い始めました。時間と労力も惜しまず、現代アートの展覧会をいくつも見て回り、無名な若いアーティストと友人のように交流していきました。

生活費はドロシーの収入、アートをコレクトするお金はハーブの給料すべて。だから、買えるのは評価が定まらないアーティストの作品で、しかも小さなアパートに納まるものだけでした。

最初は作品を壁に飾り、壁が埋め尽くされるとドア、トイレ、キッチンまで飾り、もう隙間がなくなってからは、ベッドの下に入れます。さらに作品が増えたら、ベッドを高くしてまで入れたのでした。

コレクションはいつしか価値が高騰《こうとう》し、数点売れば大富豪になれる境遇になります。ところが二人は一作品も売ることもなく、コレクトし続けるのです。

ついにこれ以上アパートに納めたら作品が傷《いた》むとアドバイスされ、国立美術館に無償で寄贈したのです。

なぜ二人はアートを買い続けたのでしょうか。

「アートの魅力は何か」と、この作品の監督・佐々木芽生《めぐみ》さんが尋ねます。

二人は「きれいだから」「気に入ったから」といったシンプルな答えしか返してくれません。佐々木さんは物足りず、あるアーティストを訪れました。そのアーティストは、こう答えてくれました。

「作品を前にした時の彼らの目を見てごらん。キラキラ輝くだろう。言葉では説明できないけど、彼らはなにかを見つけているんだよ」（『ハーブ&ドロシー』映画パンフレット）

おそらく二人は、自分の体ごとアートと真摯《しんし》に触れ合っているのです。解釈や評論など、まったく不要でした。アートを好奇心で見るとか、品定めするとかいう気持ちなどさらさらなかったのに違いありません。

二人は、気に入ったアートを飽きずに見つめ続けます。いつしかそのアートと一つになってしまう時、何かが生まれるのです。

小林秀雄は、ものごとを批評する時に、「まずはじめに愛せよ、信ぜよ」と言っています（『兄小林秀雄との対話』高見沢潤子）。

美しいものに出会った時、「いいな、いいな」としか言葉が見つからない体験をしたことが誰にでもあるでしょう。心が洗われ、潤い、生きる気力がわいている時です。

ハーブ＆ドロシー夫婦は、アートと生きながら、常識的な生き方では到達できない、心豊かで生き生きした世界に遊んでいるのです。アートに心の清浄《しょうじょう》の声《こえ》を聞いているのです。だから「きれいだ」「好きだ」とシンプルな語彙《ごい》しか出てこないのだと思います。

どんな「今」をも受け入れる

春色《しゅんしょく》　高下《こうげ》なく
花枝《かし》　自《おの》ずから短長《たんちょう》

『宗門統要集《しゅうもんとうようしゅう》』四に見える禅語です。

春になると、うららかな春の陽ざしが、どんな人にも、犬にも猫にも、桜にも柳にも、名もない草にも平等に降り注ぎます。どこもかしこも春一色です。桜はピンクの花をつけ、柳は緑の葉を風に泳がせます。

でも、よく見ると、同じ桜の木でも長い枝もあれば短い枝もあるし、太い細いの違いもあります。平等に春の恵みを受けながら、それぞれが持ち味（差別の世界）を生きています。平等即差別《びょうどうそくしゃべつ》の心豊かな世界を教えているのが、この禅語なのです。

ところが人間はどちらにもとらわれてしまうものです。すなわち他人と比べて、同じでないことに不満を覚えます。自分が劣っていることは認められないのです。

そのくせ自分が人より少しでもましでないと気に入りません。「自分はあの人より幸福だ」と思いたいところがあります。それではいつまでたっても「幸福を求めながら幸福が手に入らない」という矛盾から抜け出せないでしょう。

ハーブ&ドロシー夫婦は、お金持ちとか、あるいは才能のある人と比較して、自分たちの幸福を決めていません。自分の好きな生き方をしただけです。

二人は、自分たちがそれぞれ自分以外の人にもなれないし、自分たち以外の夫婦にもなれないことを知っています。

私たち一人ひとりが、ちょっと自分らしい、自分なりの花を人生に咲かせればいいのです。そして、ちょっと続けていく忍耐があればいい。これが一番、自分を大切にする生き方だと思います。

そういう現在の自分をそのまま認めることができるようになれば、そこから生まれる心のゆとりが前向きのパワーを生んでくれます。

その時、あの比較幸福論の呪縛《じゅばく》から解放されるのだと信じています。

こういう消息を禅では**「知足《ちそく》」**とも言っています。釈尊《しゃくそん》が入滅《にゅうめつ》（逝去《せいきょ》）する時の最後の説法とされる『仏遺教経《ぶつゆいきょうぎょう》』の言葉です。

「足《た》ることを知る」という意味ですが、中には「自分にとって何がどのくらい必要かを知るなんて、難しすぎる」と言う人がいるかもしれません。そうではないのです。

「この程度であきらめろ」という考えでもありません。自己満足とも違います。

知足とは、今、ここに生きている自分に満足することなのです。

人と比べて「あれもない、これもない」と物欲しそうに生きるより、今、自分にあるもの、できることを活かすことです。それこそが、さわやかな生き方だと思います。

第四章

死苦と私

どうせ死ぬから「私」がいとおしい

死んでしまいたい時にまず思うこと

重い死も観念の中ではごく軽い

あるお寺の住職が博打《ばくち》好きでした。負けて帰ってくると、いつも「こん畜生《ちくしょう》」「いまいましい」とぶつぶつ言って、そのうち「ええい、あいつもやがて死ぬ奴《やつ》ちゃ」と言ってあきらめていたそうです。朝比奈宗源《あさひなそうげん》老師の著書『一転語《いってんご》』に見える話です。

あほな坊さんだと思われるかもしれませんが、あなた自身にもこういうところがないでしょうか。

人に出し抜かれたり、負けたり、悔しい思いをさせられたりした時、「どうせ、あいつも死ぬんだ」と言って、溜飲《りゅういん》を下げた経験は誰にもあるように思います。

死は人生最大の重大事です。

絶体絶命の一人が迫り来る時です。

しかし、そんな厳粛《げんしゅく》な「死」を使ってストレスを解消したりするのが人間です。

私の寺に人生相談に来る人の中には、初対面で「死んでしまいたい」と簡単に口に出す人がいます。不自然としか思えません。

先日も、リストラされたという五十歳くらいの男性から、こう訴えられました。

「何をやってもうまくいかないんです。私なんか、生きていても意味がありません。生まれなければよかったんですよ。世の中は悪くなるばかりです。早くお迎えがきてほしい」

愚痴《ぐち》の連続です。どうやら死ぬ気はゼロのようですが、目の光が死んでいました。

四十五人のカウンセラーからのアドバイスを集めた『こころの日曜日』（二〇〇五年刊）という本の中で、臨床心理学者の森谷寛之《もりたにひろゆき》さんが、「止まった人生の時間・終わった人生の時間」という一文を書いています。

森谷さんがクライアント（カウンセリングを受ける人）に必ず質問することにしている言葉があります。

「あなたの人生の時間は何時頃ですか？」

人の心の年齢と実際の年齢とは、一致しないそうです。そこで、カウンセリングを始めるに当たって、人生を二十四時間にして、今、何時頃を生きているのかをまず聞くのです。

「もう夕方から夜です」と答えたのは、三十歳過ぎの独身女性会社員でした。

「……新入社員の歓迎会があったんです。そういうとき、若い女の子は男の人にちやほやされるのに、私たちは見向きもされません……本当に腹が立ちます」

「私はもう結婚もできないし、人生が面白くない……もう人生は終わりました」

そう嘆いたそうです。

でも、私はリストラされた男性の「早くお迎えがきてほしい」という言葉や、三十代で「人生が終わった」と言う彼女の言葉に、違和感を覚えてしまうのです。

同じ状況に置かれれば、誰だって虚無感が起きるでしょう。それでも、「そうですよね」と応じ切れないところがあります。本心を疑ってしまうのです。

「死ねば終わり」では解決にならない

厳しい言い方ですが、彼らは本当に自分が納得できる努力と、他人から自然に評価される生き方をしてきたと、自信を持って言えるでしょうか。世の中が悪いとか、男の人が若い女性ばかりちやほやすると感じているようですが、周囲への批判が先行する人は、自分には甘い場合が多いものです。

「死にたいと言って、死んだ人はいない」とよく言います。それも一理あると思うのです。「死にたい」という言葉はしばしば、「苦しくてたまらないのをわかってくれよ」というＳＯＳです。

もちろん、本当に死にたいと願っている人もいて、私が所属しているある会でも、「あなたは本当に死ぬ気なんかないでしょう」と言ったために危ない事態になったことがあります。あまり軽々しく断定はできないのです。

でも、多くの場合は、死を口に出すことによって不満や虚無感と折り合いをつけ、日々、なんとか生きているのだろうと思います。

親しい医師が「患者さんは、医師に自分の症状を告げることで、たとえば『こんな体、どうにもならないですよね』と胸に溜まったものを吐き出すと、気が落ち着くようです」と言ったことを思い出しました。

問題なのは、死を持ち出して安易に虚無感と折り合ってしまうと、問題を解決しようという姿勢が中途半端になってしまうことです。「本当の自己」が働き出さないままで終わってしまいがちになります。

たとえば「世の中が悪い」と私たちもよく言います。確かにその通りです。政治はダメだし、世界情勢は混沌《こんとん》としているし、目をおおいたくなるような事件がこれでもかというほど頻発《ひんぱつ》します。

でも、世の中が本当に悪かったら、誰もが困り果てて右往左往し、こんな本を読む時間もなければ、「生きているのが虚しい」などとも言っていられないのではないでしょうか。

東日本大震災が起きる十日前、同級生で外交官だった神長善次《かみながぜんじ》が、こう言いました。「日本は世界でも珍しい国だよ。これほど政治が乱れているのに平和な国は世界のどこを探してもない」

なるほどなあと思いました。世界中の国を歩いてきた彼の体験からの発言だから、間違いありません。

世の中のすべてが悪いわけではないのです。「世の中が悪い」という言葉は、一部は正しいとしても、ほかは言い逃れにすぎないのだと思います。

努力の値打ちは納得できることにある

もう一つ、「努力してきたけれど、報われない」という訴えはどうでしょうか。

努力は、報い（結果）や他人からの評価も大事ですが、それより、自分が納得できるところまで本当に努力できたかどうかが大切です。

私自身、これまで本当に自分で納得できる仕事をしてきたかと自問すれば、頭《こうべ》を垂《た》れて引き下がるしかありません。だから私は、内心ふと「死んでしまいたい」と思うことがあっても、口に出しません。

いくら耐え難くても、死という言葉で簡単に締めくくらず、「納得できるまでやったか」と自分自身に本音で聞いてほしいのです。その点について、本音の自己と、ちゃんと折り合いをつけなくてはいけないのです。

こういう消息を禅では**「非世界《ひせかい》。是名世界《ぜみようせかい》」**と言っています。『金剛般若経《こんごうはんにやきよう》』の言葉です。

「世界に非《あら》ず。是《これ》を世界と名づくるなり」とは、自分が今、世界だと考えている世界は世界ではない、自分の考えている世界を否定した時、ありのままの世界が眼前に見えてくるという意味です。

「世の中が悪いから希望が持てない」とか「不透明な時代に個人の努力が何の意味を持つのか」と感じている「世界」は、確かにあらがいがたい現実です。

しかし、そう決めつけないで考え直してみましょう。「世の中はいつまでも悪いわけではない」とか「不透明だけれども、努力で道を開くことは可能だ」と考えている人もたくさんいるのです。

世界はこういうものだと一面的に断定しないことが「非世界」に目覚める第一歩です。自分勝手な思い込みから抜け出す勇気と謙虚さを持つことが大切なのです。

「生きている限りは」が自分の出発点

「後悔なく生きる」といくら頭で思っても……

私たちは、死という事実とちゃんと向き合ったことがあるでしょうか。

体調が悪い時や、身近な人の葬儀に行った時など、私たちは、こんな自問をします。

「死んだらまったく無なのか」

「死の恐怖とは何か」

「死の時の苦痛は」

「余命を宣告されたら、どう生きるだろう」

「何をこの世に残したいか」

「臨終《りんじゅう》の時、看取《みと》る人にどんな言葉をかけるか」

「思い残すことなく逝《い》けるだろうか」

そしてしばし茫然《ぼうぜん》ともの思いにふけりますが、やがて、こんなレベルで折り合いをつけるのではないでしょうか。

「死はいつ来るかわからない。だったら後悔ないように生きるしかないじゃないか」

「死を恐れて目を向けないから、生き方が甘くなる。死を忘れているから、日々を面白おかしく生きられたらいいなんて能天気なことを言うのだ。死を恐れず、忘れずだ」

そうだと思います。

でも、額面通り受け入れ難《がた》いものがあるのです。

その理由は、自分の死は自分で直接経験できないので、死として受け止めることができないからです。

「死はしょせん、他人の死だ」と言います。

誰でも死にます。死は厳然たる事実です。でも、死という事実ほど、自分との距離が近いようで、離れているものはないのではないでしょうか。

私たちの漠然とした死生観を徹底的に粉砕したのが、二〇一一年三月十一日の東日本大震災でした。

五月十九日から三日間、被災地の気仙沼《けせんぬま》、陸前高田《りくぜんたかた》、釜石《かまいし》、石巻《いしのまき》、七ヶ浜《しちがはま》、仙台市若林《わかばやし》区を回りました。車で移動する窓の外は、ただガレキが高く積み上げられ、命一つ見当たらない無機質の空間でした。名状《めいじょう》し難い虚無感に打ちひしがれるしかありませんでした。

被災した寺院の住職方の苦境に、慰める言葉もありません。ただ「大変でしたね」と申し上げるのが精いっぱいでした。

海から四、五百メートル離れた気仙沼の地福寺《じふくじ》も津波に襲われました。本堂はかろうじて全壊を免れましたが、壁も窓も破壊され、仏具が流出して、ほかのさまざまなものが流れ込みました。庫裏《くり》（台所）は使えなくなり、鐘楼《しょうろう》は三百メートルも北に流されてしまいました。無残なことに、墓石もお骨も洗いざらい持っていかれました。

本堂のヘドロはボランティアの献身によって取り除かれ、なんとか法要ができるまでになっていましたが、祭壇に目を向けた時、並べられたおびただしい数の骨壺《こつつぼ》に息を呑《の》みました。檀家《だんか》さんが何十人と亡くなり、行方不明者の方々はお骨さえ見つからないと聞きました。

その刹那《せつな》でした。

「もし私の家族が全部死んでしまったら」

「もし自分が家族を残して先に逝ってしまったら」

「もし檀家さんの家族が何百人と亡くなってしまったら」

そんな思いが次々起きてきて、私の死生観が解体していきました。「そんないい加減な気持ちで生きていていいのか」と問われたようでした。

「二つは一つ」が禅の死生観

東日本大震災の直後、一冊の本との出会いがありました。

ノーベル文学賞を受賞したパール・バックの短編『つなみ　THE BIG WAVE』です。アメリカ在住二十数年の友人に聞くと、パール・バックは、中国農民の生活を描いた大作『大地』を著述する二年前に日本に滞在したことがあり、その時の体験をヒントに書いたものだそうです。日本人が地震や津波、火山の爆発など自然災害に襲われながら、ありのままに受け入れ、しかも毅然《きぜん》として生き抜く姿を描いたもので、アメリカでは、版を重ね、多くの人に読まれた作品だといいます。日本では径《こみち》書房から出ています。

主人公キノの父は山に住む農民です。彼には漁師の子ジヤという友達がいました。ある夏、火山が火を噴いたあと、大きな津波がやってきて、浜辺の漁村は一軒も残さず流されてしまいます。ジヤの親も死にました。

「日本で生まれて損したと思わんか？」

キノが父に聞きます。

「家の後ろには火山があるし、前には海がある。その二つが悪いことしようと、地震や津波を起こしよる時にゃ、だれも何にもできん。いつもたくさんの人をなくさにゃあいけん」

「危険の真っ只中《ただ》で生きるってことはな、生きることがどんだけいいもんかわかるというもんじゃ」

「じゃが、危ない目に会って死んだらどうする？」

キノの父はこう答えました。

「人は死に直面することでたくましくなるんじゃ。だから、わしらは死を恐れんのじゃ。死は珍しい事じゃないから恐れんのじゃ。ちょっとぐらい遅う死のうが、早う死のうが、大した違いはねえ。だがな、生きる限りはいさましく生きること、命を大事にすること、木や山や、そうじゃ、海でさえどれほど綺麗《きれい》か分かること、仕事を楽しんですること、……そういう意味では、わしら日本人は幸せじゃ。わしらは危険の中で生きとるから命を大事にするんじゃ。わしらは、死を恐れたりはせん。それは、死があって生があると分かっておるからじゃ」

こうした死生観は、欧米人にはないと思われます。

禅では「生也全機現《しょうやぜんきげん》　死也全機現《しゃやぜんきげん》」と言います。前出の圜悟克勤《えんごこくごん》の言葉です。

意味は、こういうことです。

「生きる時は、今、この場に生きる。楽しんでよし、悲しんでよし。死ぬ時は、自分の素直な気持ちを隠さず、死と一つになればいい。サラッと逝ければサラッと逝く。苦しかったらウン、ウンとうなって逝けばいい」

私もそう生き、そう死にたいと思っています。

そしてキノの父も、みごとにその禅の死生観を語っています。

「命を大事にすること」は、そのまま、死を自分の死として、その崖《がけ》っぷちに自分を立たせることです。

ちなみに生涯の「涯」は、さんずいと崖で構成されています。人生は水際の崖っぷちに立たされるようなものだと教えていると思うのです。

願いは何かを必ず動かす

そんな思いに至った時、釈尊《しゃくそん》の前生譚《ぜんしょうたん》が脳裏に浮かんできました。

前生譚とは、釈尊の前世の物語です。偉大な悟りを成就《じょうじゅ》するには、何度も生まれ、死に変わりして修行することが必要だと考えたのです。

ある日、前世の少年釈尊と、いとこの提婆達多《だいばだつた》が森に遊びに行きました。提婆達多が、飛んでいる白鳥を見つけ、いきなり矢で射ました。白鳥は森のかなたに落ち、二人はそちらのほうに駆け出します。

釈尊のほうが提婆より早く見つけ、傷ついている白鳥を抱いて介抱《かいほう》します。そこへ提婆達多がやってきて、「自分が射落とした獲物だから、自分のものだ」と奪おうとします。釈尊は「私が先に見つけた。自分のものだ」と譲りません。

争いは決着がつかず、とうとう、国の賢者を集めて意見を聞くことになりました。それでも、「釈尊のものだ」「提婆達多のものだ」という論争になり、意見がまとまりません。そこに、それまで沈黙していた老賢者が立ち上がります。

「すべていのちは、それを愛そう、愛そうとしている者のものであって、それを傷つけよう、傷つけようとしている者のものではないのだ」（『いのちは誰のものか』信國淳）

厳粛な言葉に、場は水を打ったように静かになり、老賢者の言葉に従うことになりました。こうして白鳥は釈尊のものになりました。

『つなみ THE BIG WAVE』でキノの父が語った言葉が、この老賢者の言葉と重なり合うのです。

「生きる限りはいさましく生きること、命を大事にすること」

「すべていのちは、それを愛そう、愛そうとしている者のものであって、それを傷つけよう、傷つけようとしている者のものではないのだ」

この二つの言葉が大きな光となって、私を照破《しょうは》（智慧《ちえ》の光で無知を照らすこと）しました。

「あなたは命を大事にしていますか。愛していますか」

私は答えに窮しました。何のために被災の地に来たのか、行ったのか。もしかしたら、その答えを見つけたいという潜在的な思いがあったのかもしれません。

人間を動かすのは決して顕在《けんざい》の世界だけでないはずです。

こういう消息を禅では**「誓願《せいがん》」**と言います。『四弘誓願文《しぐせいがんもん》』に見える言葉です。
「誓願」は、浄土宗や浄土真宗で言う「本願」と同じで、四つあります。
①衆生《しゅじょう》（悩める人々）は限りなくいるけれど、誓って救うこと
②煩悩《ぼんのう》は限りなく尽きないけれど、誓って絶つこと
③仏教の教えは限りなく深いけれど、誓って学ぶこと
④仏道は最上の道で限りがないけれど、誓ってなし遂げること
これらを願い、誓い、実践するのが「誓願」です。

私たちも願いを立てると、その実現のために努力します。願いがなければ、人は前に向かって生きることをしないものです。

しかし、誓願には人間の本源的な何かが含まれているように思います。

私が東北の被災地に向かったのは、「どんな小さなことでもいい、何かをしたい」

という願心があったからですが、被災地に向かわずにおれなかったのは、それとは次元の異なる何かを見つけたいという潜在的な願いがあったのだと思います。じーっとしていては見つからないものがあるのです。

人生の答えは「今一番したいこと」に見つかる

たとえ病苦に拘束されても

では命を大事にするということはどういうことでしょうか。どういう生き方とつながっているのでしょうか。

答えを真摯《しんし》に求め続けている人がいます。ノンフィクション作家の柳田邦男《やなぎだくにお》さんです。ある方の葬儀で、一度お会いしたことがあります。白髪の品性のある静謐《せいひつ》な哲学者という感じでした。天台宗《てんだいしゅう》の僧侶と、生死の問題を探求する会を開いていると言っていました。前項の老賢者はこんな風貌《ふうぼう》だったろうと想像しました。

柳田さんの著書『「人生の答」の出し方』は、人の生き方が厳しく問われるのは重病になった時だと指摘し、難病を生き抜いた西尾《にしお》健弥《けんや》さんと、西尾さんを支えた人々のことを記録しています。

観光開発会社に勤務していた西尾さんは、五十歳になる前の頃、現在はまだ有効な治療法のない筋萎縮性側索硬化症《きんいしゅくせいそくさくこうかしょう》（ＡＬＳ）という難病にかかります。筋肉が徐々に萎縮して、手も足も動かすことができなくなり、やがて言葉を発することも、ついには呼吸も、自力ではできなくなります。

そうなると、人工呼吸器をつけて寝たきりとなり、介護が絶対に欠かせません。西尾さんは、そんな状態で生きていいものか、生きる価値などないのではないかと思い、生きる気力が消えかかります。

日本ＡＬＳ協会事務局長だった松岡幸雄《まつおかゆきお》さんが、こう声をかけます。「春の桜、夏の海、秋の紅葉、冬の雪景色、生きていればすばらしい出会いがあるのです」と。この言葉が、西尾さんの生きる気力を呼び覚ましました。「そうだ、積極的に生きよう」と決意します。

想像するに、失われた機能は戻ってこない、そのことに苦しんでいるだけでは落ちていくばかりだ、けれど自分が新しい状態に変われば、新しい出会いや生き方が生まれるのではないだろうか、と思い直したのではないでしょうか。

東京の家を引き払って、故郷の石川県小松《こまつ》市に転居。バリアフリーの平屋を新築します。こうして自宅での在宅ケアの生活を手に入れます。

そして、その年の暮れ、保健師だった榊原千秋《さかきばらちあき》さんとの出会いが、西尾さんの拘束《こうそく》された人生に新たな可能を起こすのです。

人生は待つ人よりつくる人に多くを与える

彼女の母親は、脳腫瘍《のうしゅよう》で亡くなりました。榊原さんはその時に無意味な蘇生術《そせいじゅつ》によって安らかな最期《さいご》を母親に迎えさせてやれなかったことがトラウマになっていました。そして、死を前にした人の残り時間を意味あるものにしたいと願うようになったのです。

彼女は西尾さんに会って驚きました。目のわずかな動きで五十音を追い、それを妻が確認してパソコンに打ち込むという方式で日記や闘病記を書き、妻や来客との会話を楽しんでいるのです。途方もない労力と時間がかかる壮絶な戦いです。

しかも、西尾さんは、車椅子《いす》で通院や散歩もしていました。彼の全身から、生きようとする熱い思いが伝わってきました。

榊原さんは彼に尋ねます。

「いま、一番したいことは何ですか」

「能登《のと》半島一周の旅に妻を連れていってやりたい」

西尾さんの眼球は答えました。

居合わせた人たちは、みんな驚いたといいます。

能登半島はかつて妻と旅した時、途中で体調が悪くなって引き返したことがあり、思い残した旅をもう一度したかったのです。

榊原さんは、人工呼吸器を使ってやっと生きながらえている彼が、命を懸けても妻に対する愛情を示そうとしていることに心を揺さぶられました。

旅を実現したいと本気になって考えます。

そしてついに実現してしまうのです。

それにしても、榊原さんの「いま、一番したいことは何ですか」という問いは、なんと、命に力を与える一言でしょうか。

人は、いかに素晴らしい過去があったとしても、戻ることはできません。いかに輝かしい未来が待っているとしても、まだ来ていません。未来は最悪の運命に暗転するかもしれないのです。予測はできません。

私たちは誰だって、「今」しか生きられないのです。

柳田さんは書きます。

「『人生の答』とは何だろうか。

そもそも人生に『答』などというものがあるのだろうか。

『ある』と言える人にはあるし、『ない』と言う人にはない——と答えるしかない。なぜなら、『人生の答』とは、ただ待つ人に与えられるものではなく、ひたすら作ろうとする人が生み出すものだからだ」と。

これを禅では**「日面仏《にちめんぶつ》　月面仏《がちめんぶつ》」**と言います。唐代の偉大な禅僧・馬祖道一《ばそどういつ》にまつわる話から伝わった言葉で、『碧巌録』に見えます。

馬祖道一が余命いくばくもない時、寺の院主《いんじゅ》（住職に代わって寺務を監督する者）が「いかがですか？」と尋ねると、「日面仏、月面仏」と答えたというのです。

日面仏は、寿命千八百年という長寿の仏様、月面仏は、寿命わずか一昼夜の短命な仏様です。

長寿をまっとうできる人もいれば、短命に終わる人もいます。しかし、いずれにしても自分の寿命はわかりません。自分が長寿か短命かなど誰も知らず、一人残らず「明日死ぬかもしれない人」なのです。

つまり、私たちは何の保障もない虚無の中、月面仏の一日を生きつつ、日面仏の長寿を願っていることになります。

重病や難病で苦しむ人の中には、虚無感に襲われながらも、残された時間を懸命に活かそうとする人が多くいます。そういう人は、虚無感に支配されないのですから、虚無感は存在していても存在しないも同様のものになります。

「あってもありつぶれ」（なくならないが、ないのと同様の状態になること）、すなわち虚無感と共生の生き方だと思います。

いいも悪いも思い込みにすぎない

「でも生きている」

社会学者の見田宗介《みたむねすけ》さんは、著書『気流の鳴る音』（筆名真木悠介《まきゆうすけ》）の「色即是空《しきそくぜくう》と空即《くうそく》是色《ぜしき》――透徹の極の転回」という一文で、生死《しょうじ》の問題をこう解き明かしてくれています。

「われわれの行為や関係の意味というものを、その結果として手に入る『成果』のみからみていくかぎり、人生と人類の全歴史との帰結は死であり、宇宙の永劫《えいごう》の暗闇のうちに白々と照りはえるいくつかの星の軌道を、せいぜい攪乱《かくらん》しうるにすぎない……すなわちわれわれの生が刹那であるゆえにこそ、また人類の全歴史が刹那であるゆえにこそ、今、ここにある一つ一つの行為や関係の身におびる鮮烈ないとおしさへの感覚を、豊饒《ほうじょう》にとりもどすことにしかない」

とても難解です。私は半分も言わんとしているところを理解できません。

しかし著名な免疫《めんえき》学者で、脳梗塞《のうこうそく》と長く闘病した多田富雄《ただとみお》さんは、『露《つゆ》の身ながら』という本の中で、見田さんの言葉の意味をようやく見出せたと言っています。『露の身ながら』は、遺伝学者で、三十年間原因不明の難病で闘病生活を送っている柳澤桂子《やなぎさわけいこ》さんとの往復書簡集です。

「私が強い人間だと思っていらっしゃるようですが、そんなことはありません。私は今まで運良く挫折したことがないものですから、今度の病気では、絶望し毎日自殺のことばかり考えていたくらいです。その自殺も出来ない。今でもよく泣きます。

やっと自分の運命を受け入れて、生きることに専念するようになったのです。一茶《いっさ》の『露の世は　露の世ながら　さりながら』という句がありますが、そう覚《さと》って生きることにしただけです。

……言葉も話せない。食物も、水も飲み込めない。死んだほうがましです。今でも食事の後は、咳《せき》と痰《たん》で苦しいことおびただしい。でも生きていることは確かです。死なないのだったら、生きることに専念する」

多田さんは、思いを洗いざらい吐露《とろ》しています。そして健康な時に見失っていた、生きている実感を、病んで初めて確かめた気がすると言っています。

彼は不自由な身をおして、きわめて積極的に、もう一つのライフワークである能を見、創作しています。バレエや音楽の公演にも出かけます。「体が不自由になっても、人間としての喜びを失なわないようにするため」です。

虚しさからさえ価値を汲み出す

多田さんは、前項の西尾さんと同じように、病によって、かけがえのないものが奪われました。虚しさが生身の現実なのです。

それでも、命を生かし切ろうと、アクティブな人生を送っています。まさに「空即是色」を生きているのではないでしょうか。

一般的には、多田さんや西尾さんのように死と直面し、壮絶な生のバトルを体験することはなく、虚無感とは観念的に向き合うことがほとんどです。しかし、それなりに、命を大事にし、いとおしむ道を求めなくてはならないと思います。

自分の境地を踏まえて、心を据《す》えつける場を設定しておくことは、よりよく生きるために欠かせないからです。

人間は、いいと悪いをわけてものごとを考えます。

自分に都合がよかったり好きだったりすれば「いい」、不都合だったり嫌いだったりすれば「悪い」と区分けします。

でも、いいと悪いは表裏一体なのです。

たとえば病気になると薬を飲みます。病気を治すためにいいと思うからです。でも、かえって副作用があって体に悪かったりします。間違った服用をすれば、毒になることだってあるでしょう。

その毒も、きわめて慎重に扱えば、体を刺激して活力を与える場合があるそうです。人生なら、毒を飲むような苦しい経験が、いい学びになることはたくさんあります。「毒も薬」です。

自分にとっていいと思われるものが必ずしもいいとは限らず、悪いと思われるものが必ずしも悪いとは言えないことを知りましょう。

出会うもので価値がないものはない、ということです。

こういう消息を禅では**「無不是薬者」**（是《こ》れ薬《やく》ならざる者無《ものな》し）と言います。『碧巌録』に見える言葉です。

この世で出会うもので、薬《くすり》にならないものはひとつもない、という意味です。

健康はいいものです。でも、過信すると失敗します。失敗はいいものではありませんが、自分の誤りを気づかせてくれる薬とも言えます。そうすると、健康もやはり薬と考えられます。病気になると苦しみますが、その苦しみが生きていることを実感させてくれたとすれば、その苦しみも病気もまた薬になり得ます。
つまり、この世のすべてが薬になるのです。

第五章

孤独と私

一人だけれど自分だけではない

孤独はどこまでいっても孤独なのか

孤独を「味わって」いて成長ができるか

一人というと、孤独のつらさが連想されるように、孤独のイメージは、つらい、寂しい、心細い、仲間はずれ……というマイナスばかりです。プラスが見えなくなっていきます。

しかし、孤独は、人生の深い意味を発見させてくれるパワーを秘めているのです。

実は、孤独は一つではありません。二種類があると思うのです。

- 感情的孤独
- 絶対的孤独

あるいは、こうも言えます。

- 分別的孤独（世間的）
- 無分別的孤独（出家的）

私たちが孤独に耐えられないのは、感情的孤独ばかりを見るからです。

わが孤独感の遍歴から、それを考察してみましょう。

最初に孤独感を味わったのは、中学二年生の時でした。国語のO先生は、毎月の初めに一編の詩を黒板に書いてくれました。四月の最初の授業で書いてくれたのは、彫刻家で詩人の高村光太郎《たかむらこうたろう》の「道程《どうてい》」でした。

僕の前に道はない
僕の後ろに道は出来る
ああ、自然よ
父よ
僕を一人立ちにさせた広大な父よ
僕から目を離さないで守る事をせよ
常に父の気魄《きはく》を僕に充たせよ
この遠い道程のため
この遠い道程のため

この詩を目《ま》の当たりにした時、体中に戦慄《せんりつ》が走りました。なぜでしょうか。父は「お前のような心の弱い者は、この世では生きていけない。一寸先は闇なんだ」と口癖のように言っていました。その言葉が、心に突き上がるように浮かんできたからです。

実際、私は小学校三年生の頃まで体が弱く、神経質で母に甘えてばかりいました。父から見たら、こんなひ弱い息子では寺を継げまいと思ったに違いありません。「僕の前に道はない」というフレーズが父の言葉とオーバーラップして、「自分は独り立ちできるだろうか」とひどく不安になり、どうしようもない孤独感がつのったことを忘れられません。

中学生は、夢を持ちながら、一方で自分はこれでいいのか、これからどう生きたらいいのかという問題意識が芽生える多感な時です。親離れの意識も生まれてきます。それらも孤独感を発芽させたのに違いありません。

ですが、私のこの孤独感は一週間もしたら、急速にしぼんでしまいました。中学生の私は精神的にあまりに未熟で、自分を見つめる気持ちが弱かったようです。

人は不安さえ三日坊主で忘れていく

二度目は、大学に進学し、家を離れて京都で生活した当初でした。受験戦争から解放されて自由になれたという喜びの半面、一人で外食し、真っ暗な下宿に帰るのは寂しいものでした。友達もすぐにはできませんでしたから、よけい家庭の温かさが恋しかったことを覚えています。

けれども友達ができ始めますと、遊び呆《ほう》けるようになってしまいました。本当は将来の方向を真剣に考え、選択する大事な時期だったのです。ですが、あの戦慄を覚えた「道程」のフレーズは脳裏の奥底にしまい込まれたままでした。

四回生（四年生）になって、このままでは寺を継いで僧侶になるしかなくなると思い、あわてて司法試験を受けることにしましたが、もちろん最初の試験は落ちました。そこで親友と一単位だけ残して留年したのです。

再挑戦しようとしたのですが、冬に体を壊してしまい、一年をまったく棒に振ることになります。次の年、一緒に受けた親友は合格し、差をつけられてしまいました。

療養中、取り残されたという脱力感と寂寥感《せきりょうかん》が次第に心を支配していきました。でも、起きたい時に起き、テレビを見て、酒を飲んで寝るだけの生活におぼれていきました。当然、司法試験に再再挑戦する気力は、萎《な》えていました。

二年して健康を取り戻すことができ、結局、父のすすめもあって、一番なりたくなかった僧侶の道に入ることにしました。

この頃から、あの「道程」の一句、「僕の前に道はない」がしきりと浮かぶようになりました。

「僕を一人立ちにさせた広大な父よ」

はたして道場の修行で自分は独り立ちすることができるのかと、不安と孤独がないまぜの感情が起こります。

それでも「こうなったら僧侶の道をちゃんと歩こう」と決意することはできませんでした。本当に自分は薄志弱行《はくしじゃっこう》な人間だと思わないわけにはいきませんでした。

群集の中の寂寥は耐え難い

修行道場に入門した当初は、あまりの生活の変化に戸惑いっぱなしでした。朝から晩まで規則ずくめ。知らなくてはいけない所作《しょさ》もお経もろくに知りません。

理屈が通らないと素直に従えない鈍臭《どんくさ》い私は、よく叱られました。そして、自己防御の心理から意固地《いこじ》になってしまいました。

さらに、大学の同級生が会社や官庁で充実した日々を送っていることを手紙で知り、あせりと屈辱感にも襲われました。

道場では、雑談をすると、「妄想《もうぞう》かくな」と怒られます。愚痴《ぐち》を聞いてくれる相手を探すことなどしたくないというメンツもあり、誰にも心中《しんちゅう》を話せません。

修行してしっかりした僧侶になろうという願心《がんしん》も希薄でした。

こうして私は僧堂《そうどう》（寺での修行の中心地）生活のすべてに嫌悪感を覚えるようになり、他の雲水《うんすい》から孤立して一人だという感情でいっぱいになり、さんざんなものになっていったのでした。

孤島に取り残された時に感じる孤独より、周囲に人がいるのに、その人たちとのかかわりがない、断ち切られてしまった状況のほうが、寂寥は耐え難《がた》いものです。

この時の私のような心境を、禅では「**黒漫漫地**《こくまんまんぢ》」と言います。『臨済録《りんざいろく》』の「示衆《じしゅ》」にある言葉です。

「黒漫漫地」とは、修行するプロセスで、何を求めていったらいいかわからなくなり、心が澄むどころか、どんどん濁り、暗黒となっているという意味です。

私自身も僧侶になった後悔と、未知の道場の世界への不安で、心は本当に暗澹《あんたん》とした思いでいっぱいになっていたものです。

「捨てればいい」って、何を捨てる？

孤独地獄はいつどこにでも待ち受ける

『地蔵菩薩本願経《じぞうぼさつほんがんきょう》』（地獄名号品《じごくみょうごうほん》）に、このような言葉があります。

「或《あるい》は地獄あり。
一向《いっこう》に寒冰《かんぴょう》なり」

「冰」は「氷」の異体字です。あまりに修行道場に入った当時の私の気持ちを言い当てていて、驚かされました。

若くして自殺した芥川龍之介《あくたがわりゅうのすけ》も孤独にさいなまれたといいます。彼は『孤独地獄《こどくじごく》』という小品の中で、登場人物の禅超《ぜんちょう》に、こう語らせています。

「孤独地獄だけは、山間曠野樹下空中《さんかんこうやじゅか》、どこへでも忽然《こつぜん》として現われる。いわば目前《もくぜん》の境界《きょうがい》が、すぐそのまま、地獄の苦艱《くげん》を現前《げんぜん》するのである。自分は二、三年前から、この地獄へおちた。いっさいのことが少しも永続した興味を与えない。だからいつでも一つの境界から一つの境界を追って生きている。もちろんそれでも地獄はのがれられない。そうかといって境界を変えずにいればなお、苦しい思いをする。そこでやはり転々としてその日その日の苦しみを忘れるような生活をしてゆく。しかし、それもしまいには苦しくなるとすれば、死んでしまうよりもほかはない」

芥川が自殺をしたのは、母親が発狂した恐怖のためだったと言われています。彼も自分の苦しみを誰にも語れなかったのでしょう。そして孤独地獄に閉じ込められ、恐怖を倍加し、最悪の選択をしてしまったのです。

私の場合はどうだったでしょうか。

僧堂では学生のようにしたいことをして気をまぎらわせませんし、与えられた単純労働にも興味が持てず、嫌々やるだけでした。

だからどんどん孤独地獄にはまっていき、一刻も早くこの苦しみから逃げ出したい気持ちが強くなっていったのです。

ある夜のことでした。夜坐《やざ》と言って屋外《おくがい》で坐禅《ざぜん》をしている時、ふとこんな自問自答が始まったのです。

「そんなにつらくて逃げ出したいのなら、道場なんか出て家に帰ってしまえ」

「今さら帰れない。親父から、お前はやはりだらしない奴《やつ》だなんて言われるのは嫌だ」

「それなら社会に出て働くしかないじゃないか。肉体労働をしてでもやり抜く勇気があるのか」

「うーん」

「即答できないなんて、お前の決断なんか、その程度か」

結局、道場に踏み止まり、決着がつかない心を引きずった日々が続きました。

犀の心とネズミの心

ある日、禅堂の掃除をしていて、Nという雲水の座蒲団《ざぶとん》を動かした時、手あかで汚れた岩波文庫が出てきました。Nは私のような寺の出ではありません。自《みずか》ら禅に惹《ひ》かれて入門してきた男です。修行して四年目を迎えていました。

道場では、経典《きょうてん》や師匠が提唱する禅の語録以外の本を読むことは禁じられています。Nが規則を犯して読んでいる本とは何か、興味が湧きました。手に取ると、それは『ブッダのことば　スッタニパータ』という経典でした。

スッタニパータは多くの仏典の中でも最古の聖典ですが、私はそれすら知らず、なにげなくページを開きました。

こんな言葉が目に飛び込んできました。

「寒さと暑さと、飢《う》えと渇《かつ》えと、
風と太陽の熱と、虻《あぶ》と蛇《へび》と、
――これらすべてのものにうち勝って、
犀《さい》の角《つの》のようにただ独り歩め」
「以前に経験した楽しみと苦しみとを擲《なげう》ち、
また快《こころよ》さと憂《うれ》いとを擲って、
清らかな平静と安《やす》らいとを得て、
犀の角のようにただ独り歩め」
有名な「蛇の章」のくだりです。
各経文はほぼすべてが「犀の角のようにただ独り歩め」で締めくくられており、そのリフレインが四十一も続きます。出家者の覚悟を釈尊《しゃくそん》が弟子たちにうながした言葉で、修行に不要なものはすべて捨てて仏道を歩め、というのです。
Nは、この言葉を心の支えとして修行していたに違いありません。
「自分は犀どころかネズミのようにあちらを窺《うかが》い、こちらに気をつかってちょろちょろうろついているだけじゃないか、こんな無目的な自分は雲水失格だ」という思いが起こりました。私には出家の覚悟など皆無だったのです。

それから何日かして、Nから作務《さむ》の最中に、突然、問われました。

「あんたは自分の足で大地を歩いたことがあるのか」

意外な質問にとまどいました。

「変なことを聞くものだ、大地をこの足で歩いているのに決まっている」

と反発さえ覚えたのでした。

しかし、このNの問いが、小さなとげが刺さってなかなか抜けないように、頭から消えなくなったのです。

自ら道を求めているNのことだから、決していい加減な気持ちで言うわけがない。そう思い、何としても彼の真意を知りたいと思うようになっていきました。

簡単なことに人は長い間気づけない

トイレは、道場では唯一のプライベートルームです。汲み取り式便所ですが、臭い、汚いなんて言っていられません。トイレは、空腹時に隠し持っていたチーズをかじったり、Nの件で誘惑に勝てなくなり、ひそかに買ってきた本を読んだりする場所です。ですからトイレが長くなり、よく怒られたものでした。

ある日、そんなトイレで読んだ世界的な禅学者・鈴木《すずき》大拙《だいせつ》の『禅問答と悟り』という本に、こんな一節が出ていました。

宋《そう》代に、大慧禅師《だいえぜんじ》のもとで道謙《どうけん》という弟子が長年修行していました。しかし、どうしても悟りを開けないのです。

ある時、道謙は師命で遠方に行くことになりました。共に修行していた宗元《そうげん》という雲水が、半年もかかる旅なので修行が中断してしまうと気の毒がり、こう言って旅に同行してくれました。

「自分が一しょにこの旅に出かけて、そうして自分にできることは、何でも君の為《ため》にやってやろう。そうすれば、君は旅をつづけたとて、坐禅の邪魔になることもあるまいではないか」

ところが、それでも道謙は悟りに近づくことができなかったのです。それで、ある晩、必死の思いで宗元に尋ねました。

「……何か悟りの道を開けてくれる工夫がないものか」

宗元は、心を込めて、こう諭しました。

「例えばお前がお腹《なか》がすいたとか、咽喉《のど》がかわいたとかいうときには、いくらわしがたべても飲んでもお前の役には立たぬ。飲んだりたべたりするのはお前自身でやらなくてはならぬ。それからまた、大小便のため厠《かわや》へ行きたいというようなことがあるとしても、そいつはわしではとうてい役に立つべき理由はなかろう。それから最後にこのお前の身だ、それをひっさげて道中をするのは、お前自身の脚でやらなくては、わしがお前のためにあるくというわけにはいかぬだろう」

その瞬間、彼は開悟《かいご》したと言います。

孤独はそのまま道場だ

こんな当たり前の問答で開ける悟りとは、一体何なのか、そんな簡単に何を悟ったのかと疑問が起きました。当時の私は、そんなレベルだったのです。

ただ、気づいたことが一つありました。

「友がいても家族がいても、結局一人じゃないか。確かに友や親は励ましたり、共に喜んでくれたりする。でも、苦しみ自体は、自分以外の誰も代わりに背負うことはできない。この世にオギャーと生まれる時も一人で生まれてきたし、死ぬ時も誰も一緒に死んでくれない。生きている間も、自分の人生は一人で生きるしかないんだ」

人間という存在は本来、孤独なのだ、と初めて気づかされました。

これを「絶対的孤独」と私は呼びたいと思うのです。

「道場の生活がつらい、自分の気持ちを誰もわかってくれない、孤独だ」というのは感情的孤独であったのです。

それは甘えにすぎないと気づかされ、Nの心が観えてきました。

「お前さんを見ていると、心が丸見えだ。早くこんなしんどいところから抜け出して、自分の寺に帰って自由気ままにやりたいというのだろう。体は道場にあっても、心はもう寺に帰っている。体と心がばらばらだ。足のない幽霊だよ、幽霊じゃ大地は歩けないよ。お前さんはそんな考えにとらわれているから、よけい苦しくなるんだ。

苦しみから逃げようとするな。孤独に甘えるな。孤独に徹してみよ。この苦しいと思っている場こそ、お前を鍛えてくれる修行道場だ。この大地に両足をしっかり踏んで生きてみろ。さもないと、お前さんの人生は決して自分のものにならないぞ」

つまり私たちの修行は今、ここ（自分が置かれている場）以外にないのです。

Nは実に親切に私に警告してくれたのでした。

Nが私に言いたかったことを、禅では**「通身是病通身薬《つうしんぜびょうつうしんやく》」**と言います。『禅林句《ぜんりん》集』に見える言葉です。

「通身是《こ》れ病通身薬」とは、人は病気になったら、病気になりきればいい、それが薬《くすり》であり、回復した時、病気の苦しみで学んだことがすべて薬になり、「本当の自己」

に目覚めることが期待できる、という意味です。

未熟な私には、道場のすべてが苦しみでした。しかし、よき先輩に恵まれ、行き詰まるたびにさまざまなことを教えてもらえたのです。

苦しい時は本当に、身も心も重病のようになります。その時、苦しさから安易に逃げ出さないことです。逃げ出す気力がなくてたたずんでしまってよいのです。なんとか生きているだけでもいいのです。時が来て身も心も回復した時、これまで得られなかった人生の教えを見出せます。

「忙しいのに孤独なんて」ですませる人に

孤独から「個独」に境地を進ませる

先に述べた『地蔵菩薩本願経』の「或は地獄あり。一向に寒冰なり」という言葉に、もう一つの見方があることがわかってきました。

つまり、人間は本来孤独な存在であることを、氷のように冷《さ》めた目で徹底的に見つめてみよ、その覚悟があって初めて前向きに生きる勇気が育つのだ、ということです。

苦しい時は誰でも逃げたくなります。でも、それでは必ず自分に甘くなります。甘くなれば、自分を見つめ直す勇気がなくなるものです。

道場に入った当初は感情的孤独に悩みましたが、そのおかげで、自分の不都合を孤独におしつけ、甘えてきた自分のありようが浮き彫りにされました。自己に目を向け、「人間は本来孤独」という事実を認めることができました。

孤独という苦を受け入れて初めて、自己と対決できたのでした。

こうして、道場の生活を受け入れる自分づくりがようやく始まりました。臨済禅は坐禅しながら、師匠からもらった悟りのための問題である公案《こうあん》と向き合います。

公案は「お前自身は何ものぞ」を探求させるものです。

しかし公案はきわめて非論理的で、矛盾《むじゅん》そのものです。「犬に仏性はありますか」「無」(趙州無字《じょうしゅうむじ》)とか、「片手で打つ音を聞け」(隻手音声《せきしゅおんじょう》)といったものです。

こんな学問などしたことがありませんから、へこたれましたが、次第に公案も道場の修行と同じで、自分と向き合い、自己を学ぶことだということが飲み込めてきたのでした。

自分という存在がわからなかったら、つまり「本当の自己」を知らなかったら、何を支えに、何を拠《よ》りどころに、考え、行動したらよいのでしょうか。

その時の感情や都合で判断していたら、実に危ういではありませんか。特に切迫した状況では、自分を見失うことが多いものです。そんなことで見失うような自分は、「本当の自己」ではないはずです。

自分とは何者かというテーマは人間の根本なのです。それを学ばないのは奇妙なことだと思いませんか。

それを学ぶにはやはり坐禅がいいと気づいたのです。坐して体を動けなくしてしまうと、心は初め外に向かいますが、やがて内なる世界に向かわざるをえなくなります。

つまり、「孤独」から「個独」に転換していくことができるのです。

アクティブな孤独感とは

修行を終えて自分の寺に帰ると、父は意外なことを言いました。

「何をやってもいい。お経を読んでこと足りたというような坊主になるな」

ズシンと心に響きました。

でも、修行で学んだことを寺でどう活かしたらよいのか、僧侶としてどう歩んだらいいのかは具体的にわかりません。そこで、口べたの自分としては思い切った選択をしたと思うのですが、布教師《ふきょうし》の試験を受けることにしました。

仏教大学を出ていない私は、仏教の理論を正式に学ばなくてはいけないと、ずっと考えていました。ある方に相談したら、布教師になる勉強をしたらよいとアドバイスされたのです。そして、試験も受けることになったのでした。

幸い合格して布教師になりました。

そこから、若い僧侶たちとの交流が始まりました。全国の志《こころざし》を持つ真摯《しんし》な同年輩の青年僧と、寺院の現状について時間を忘れて議論したものでした。

「今の寺は死んでいる。悩める人に目を向けていないか。「寺を私物化していないか。住職はその地位に安閑としているだけだ」「社会から坊さんはダメだと厳しい目で見られている、世間から学ばなくてはならない」

こうして、「このままでは寺院は駄目になる、宗門の改革をしなくてはいけない」という使命感に燃えて、「臨済宗青年僧の会《りんざいしゅう》」を立ち上げたのでした。

一方で、竹中玄鼎《たけなかげんてい》師という宗門の布教の重鎮に「原典を学べ」というアドバイスをもらい、三十代はよく勉強しました。

さらに、松原哲明《まつばらてつみょう》師の好意で単行本を書くチャンスも来るようになりました。活動や議論の時間、勉強の時間、資料を集めて調べる時間、原稿を書く時間、寺の法要や掃除の時間、大事な家族と過ごす時間と、ともかく忙しくなってきました。さらにその頃は、愛知県犬山《いぬやま》市の瑞泉寺《ずいせんじ》僧堂に定期的に坐禅に行っていました。

いかに自分一人の時間を確保するかが、さし迫った課題になりました。「個独」な時間をどれだけ設定するかです。

友人たちとの飲み語りはいつも早々と切り上げました。

一人で机に向かうのは孤独ですが、自分は二足の草鞋《わらじ》、いや三足の草鞋もはいて、やりたいことをやるために頑張っているというプライドに裏づけられた、アクティブな孤独感も大事にしたくなりました。

松原師は「原稿を書くことは麻薬だよ」と言いましたが、原稿を書く喜びもアクティブな孤独の恩恵でした。

六十歳まで生きて、自分の能力と努力の程度からすれば、個人としては「わが人生、まあまあ充実していたかな」と考えるようになりましたが、その人生を支えてくれたのが、アクティブな孤独感でした。

それでも人は孤独に泣かされる

私たちの改革活動に関して、さまざまな批判や中傷も聞こえてきました。「あんたたちは変わり者だ。改革なんてできるわけがない」「自分たちだけ特別と思っていないか。おこがましいよ」というような声です。

寺という隔離された場所では、宗門を厳しく批判する世間の声が聞こえにくいのです。また、少子化で寺の経営が難しくなる時代の流れには抗することはできないという考え方もあるでしょう。

そういう人たちから見たら、私たちの活動は無駄でしかありません。目立ちたくてやっているると思われたようです。

私たちは、宗教家としての意識を改革し、寺院を再生したいと願い、今までの活動を水泡に帰したくないと思って批判に耐えてきました。

でも、六十歳を過ぎると、残された時間があまりないという思いが次第に強くなってきました。そして、これまで三十年間、頑張ってきて、何が変わったのか、何も変わっていないではないかという無力感に襲われるようになりました。私たちは宗門という海に浮かぶ孤島のような存在なのだという無念に悄然《しょうぜん》とすることもあります。

「それでは負けてしまう。やっぱり信じてきた道を絶望せず歩こう」と思い返しては、どうしようもない虚しさ、疲労感にさいなまれる、その繰り返しです。

この虚無的な孤独はどうしたら乗り越えられるのでしょうか。絶対的孤独の発見は、役立たないのでしょうか。

「小人窮《しょうじんきゅう》すれば斯《ここ》に濫《らん》す」

『論語』の言葉を梶原逸外《かじわらいつがい》老師から聞きました。

小人はちょっとつまずいてもすぐ自分を見失うという意味です。まさに六十歳を過ぎても小人のレベルにいるのが自分だということがわかってしまいました。

けれども、日々の忙しさに追われ、自分と向き合うことを怠り、孤独との対決を先延ばしにしていたのです。

こういう消息を禅では「**忙忙業識衆生**《ぼうぼうごつしきしゅじょう》」と言っています。『臨済録』に見える言葉です。

「忙忙たる業識の衆生」とは、自分のアイデンティティが定まらず、煩悩に引きずられて生きている人という意味です。

忙しさに追われていると、目前の仕事をこなすのに精いっぱいになりがちです。「今、自分はこれでいいのか」と立ち止まってみましょう。自分を振り返る時間がおろそかになっているはずですので、その時間を設定するのです。

そのためには、仕事から離れて自分を見つめ直さなければなりません。

心を空っぽにすることです。ほかのことを思量していたのでは、心の余分なものを掃除することはできません。

私は、忙しい時ほど、短い時間でもいいので、ゆっくり息を吐いて、ゆっくり吸って、呼吸を調《ととの》えるようにしています。その時、心の中のすべての想念を吐き出します。

「忙忙業識衆生」とゆっくり唱えて自戒しながら呼吸をすると、さらに効果が増すようです。

心に孤独が住みつく前に、自分が孤独に住む

「問題はまずあなただ」

ところが人生は面白いものです。捨てたものではありません。

こんな心境になったのは、ある出会いがあったからです。

あるカルチャーセンターで、「観音経《かんのんぎょう》を学ぶ」という講座を持っています。経典の中の、観音菩薩《かんのんぼさつ》の五つの観方《みかた》「真観《しんかん》　清浄観《しょうじょうかん》　広大智慧観《こうだいちえかん》　悲観《ひかん》及び慈観《じかん》」を説いたところがあり、それを話す日が来て、「清浄観」の説明資料を探していました。

「清浄観」とは、自分の心を浄化してものごとを観ることをいいます。

人間は、自分を棚《たな》に上げて人を批判したり、善悪を簡単に決めつけてしまうところがあります。

これでは主観に左右されることになります。批判や決めつけの前に自分を見つめ、心のありようを知ることが求められます。

その時、山本周五郎《やまもとしゅうごろう》の短編小説『武家草鞋《ぶけわらじ》』を思い出したのです。

かいつまんで紹介しましょう。

主人公、宗方伝三郎《むなかたでんざぶろう》は清廉潔白《せいれんけっぱく》を信条として育ちました。けれど人からは、いい格好する傲慢《ほうまん》な奴だと見られ、次第に孤独の日々を送るようになっていきました。

結局、伝三郎は藩の家督問題を契機に、藩を退身してしまうのです。

武士でなくてもいい、清潔に生きる道を歩みたいと決心して江戸に出ます。しかし、江戸は生やさしい町ではありません。打ちのめされて絶望し、俗悪な世間に生きるより深山《しんざん》で死のうと思い、旅を続けたあげく、伝三郎は行き倒れてしまいました。

幸い、郷士《ごうし》（農山村に住んだ武士）の老人と孫娘に助けられます。温かみのある家庭で体力を取り戻し、心も癒やされていきました。さらに伝三郎は、彼らが苦しい過去を持ちながら、艱難《かんなん》の中を生き抜いてきたことを知ります。

自分だけではなかったのだ、このまま甘えていては申しわけないと、やがて伝三郎は草鞋づくりを始めます。

長持ちするので評判になりますが、ある人から「少し手を抜いてもらいたい」と言われて愕然《がくぜん》とします。持ちの悪い草鞋をたくさん売ったほうが利益になるというのです。

嫌気がさした伝三郎は草鞋づくりをやめ、道路人夫《にんぷ》になります。

しかし、ここでも、できるだけ要領よく働く人夫たちのやり方に怒りを覚えます。さらにある日の昼に、普請場《ふしんば》から離れた丘の山ブドウを食べようとすると、女の子から、「山を荒らすんじゃねえ。ここはおらんちの山だ」と、ものすごい目つきでにらまれてしまいます。

ついに伝三郎は老人の家をも去ることにしました。そして老人に思いを語りました。

「……できるだけは辛抱してみたのですが、やっぱり拙者《せっしゃ》には続きませんでした、……わたくしにはできません、手ごころをして弱い草鞋を作ることも、人足たちといっしょに役得の時間を偸《ぬす》むことも……一粒の山葡萄《ぶどう》をさえ惜しむ、あの貪欲《どんよく》な娘の眼《め》……もうたくさんです、わたくしにはこういう汚れはてた世間に生きてゆく力はありません」

老人はしばらく沈黙していましたが、淡々と話し始めました。

「……よくわかりました、しかしこの老人にわからないことが一つあります、それはあなたご自身のことです、あなたは此処《ここ》へいらして数日後に身の上話をなすった、家中《かちゅう》の方々の多くが御都合主義である……江戸へ出れば世の中は無恥《むち》で卑《いや》しい……そのようにお話しなすった、しかしいちどもご自分が悪いという言葉はございませんでした」

「……世間というものはこなた自身から始るのだ。世間がもし汚らわしく卑賤《ひせん》なものなら、その責任の一半はすなわち宗方どのにもある、世間というものが人間の集りである以上、おのれの責任でないと云える人間は一人もない筈《はず》だ、世間の卑賤を挙げるまえに、こなたはまず自分の頭を下げなければなるまい……」

　老人の目は鋭い光を帯び、伝三郎は動けなくなってしまいました。

「……そこにある文机《ふづくえ》をごらんなさい、三十余年も使っているがまだ一分《いちぶ》の狂いもない、おそらく名もない職人が僅《わず》かな賃銀《ちんぎん》で作ったものであろう、その賃銀は失《う》せ職人は死んでしまったかも知れない、だが机は一分の狂いもなく、このように今もなお役立っている、……真実とはこれを指すのだ、現にあなたも往復三十里の山道を穿《は》きとおせる草鞋を作った、そこに真実があるのではないか、こういう見えざる真実が世の中の楔《くさび》になってゆく、ひとに求める必要がどこにあるか、問題はまずあなただ……」

孤立する善人たち

私も仲間も、使命感を持って行動してきました。自分たちは間違っていない、宗門改革を考えない人が問題だと思い続けてきたのです。

でも、小説の中の老人が言うように、それだけではダメだったのです。宗門が堕落《だらく》しているると簡単に決めつけることは、責任が自分にもあるという反省がないことになります。

宗門を否定する前に、自分の責任を明確にし、信念を理解してもらえるように時間と労力をかけていく地道な努力を私たちは怠ってきたのでした。

伝三郎の心境は、私とわが同志に類似していると思えて仕方がありませんでした。だから、老人の言葉には心底、痛棒《つうぼう》を食らった気がしました。同時に、虚無の中を一人で歩いていく灯火《ともしび》を見出すことができたのです。

結局、松原泰道《まつばらたいどう》師の「人生は丹精込めて生きること」という言葉を、改めて自分の信念として生きるしかないと心に決めました。

今を独りで楽しめるようになれば本物

中国の正史の一つ『後漢書《ごかんじょ》』に、「壺中日月長」（壺中日月長し《こちゅうにちげつなが》）という言葉があります。

後漢の時代、汝南《じょなん》の市中《しちゅう》に薬を売る老人がいました。いつも店頭に壺《つぼ》をぶら下げていたことから、壺公《ここう》と呼ばれていました。

不思議なことに、夕方店を閉めると、彼は人知れず壺の中に飛び込んでしまうのです。費長房《ひちょうぼう》という役人が、城の望楼《ぼうろう》からこの様子を目撃し興味を覚えて、老人に近づきます。老人は彼の心を見て取り、壺の中に一緒についてくるよう言いました。

こんな小さな壺に？　とためらいましたが、思い切って飛び込んでみると、壺の中は広大な別天地で、立派な宮殿がそびえていました。驚いたことに、老人はこの宮殿の主人でした。費長房は美酒佳肴《びしゅかこう》の歓待を受け、無事家に帰ることができました。

実は壺公は仙人でした。ある過失を犯し、しばらく人間界に流されていたのです。

やがて壺公も仙人界に帰れることになり、費長房も同行を許されます。

壺の中で短い間、仙人の修行を受けて帰ると人間界では、十数年もの歳月が過ぎていたのでした。家族は彼の突然の帰宅に驚いたということです。

この話は、時間にも空間にも、どんなことにもとらわれない自由な悟りの世界を意味しています。同時に私は、「壺という孤独を楽しむ」という意味も汲み取っています。

禅語の**「壺中日月長」**は、南宋《なんそう》末の虚堂智愚禅師《きどうちぐぜんじ》の語録『虚堂録《きどうろく》』に用いられています。

この「壺中日月長」を私は、世間とか仕事とかいうしがらみをいっさい断ち切って、孤独を悠々自適《ゆうゆうじてき》に楽しむ境地と受け止めてみたいのです。

そんな自分の世界（壺）を人生に設定できたら素晴らしいと思いませんか。そういう心境に遊ぶことができれば、生まれるのも独り、生きるのも独り、死ぬのも独りという人間の絶対的孤独に押しつぶされることはなくなるのではないでしょうか。

生まれるのは確かに独りですが、今さらその時には戻れません。死ぬのも独りですが、自分の力ではどうにもなりません。

だとすれば、独りで生きている今を、自分が見出した孤独という壺と考え、存分に楽しめばいいのです。

「それ」になりきればそれはなくなる

孤独地獄をテコに生きた人たち

経済評論家で森鷗外《もりおうがい》の研究者としても知られる吉野俊彦《よしのとしひこ》さんに『孤独地獄』という本があります。

鷗外も芥川と並んで、孤独地獄にさいなまれた人だといいます。

鷗外は陸軍軍医と作家の二足の草鞋を履き続けました。そういう生き方を非難する人が、陸軍省にも世間にもいました。しかし鷗外は、ぶれません。

「……世評をものともせずまっしぐらに我が途《みち》をゆき、独特のジャンルの多くの小説を発表し、ついには、前人未踏《ぜんじんみとう》の史伝を、書いて書いて書きまくったのであった」

吉野さんは、そう評しています。

思うに、鷗外も無理解な人々の中で孤独感を深めたに違いありません。しかし、逆に孤独をテコに、信念を貫いたのではないでしょうか。そういう努力を生涯惜しまなかった人だったと思うのです。

この鷗外の生きざまから、孤独とは、「孤=個」に立ち返り、自己が信じた道を独り生き抜くことだと考えられます。それができてこそ、真の独立した一個人になれるという真実を学ばせてもらいました。

私などは、鷗外ほど強い意志を持ち合わせていません。才能もありません。けれど、虚無の孤独を突き破り、テコにするという信念は、なんとしてもまねたいと思っています。

時には身勝手な孤独で遊ぶ

その一方で、孤独に遊ぶ技術も身につけたいとも思っています。

日本画家の堀文子《ほりふみこ》さんの言葉がヒントになりました。

堀さんは、軽井沢にアトリエを構え、自然の中で制作をしてきました。六十九歳でイタリアのトスカーナに移住し、帰国後も七十七歳でアマゾン、八十歳でペルー、八十一歳でヒマラヤと世界中を取材しました。

八十三歳で倒れましたが、奇跡的に回復し、新たな創作の道を歩んでいます。

この堀さんがこよなく愛しているのが、孤独なのです。『ひとりで生きる　堀文子の言葉』にこんな言葉があります。

「私も何十年と抱えてあきらめきれないことがあります。その思いは今、少しずつ、少しずつ、作品に顔を出しはじめているようです。ですから死ぬ日まであきらめないでいようと思っています」

「私にとって、しいんと引き締まった孤独の空間と時間は何よりの糧《かて》である」

彼女の生命力はすごいの一語に尽きます。冬は零下二十度を超す厳寒の軽井沢で、高齢にもかかわらず独りで生きて、孤独を味わい、楽しみ、遊んでさえいるのです。

それが彼女の創作と、生きることの原点なのでしょう。

自分の価値観を持ち、そこに心の拠《よ》りどころを持つ人間は、実にしなやかな強さを持っています。

私は堀さんのようには、一人に徹しきれません。家族、友人、さまざまな人とのつながりがなくては、どうしても生きていかれないようです。

一人ではやはり寂しいのです。それが本音です。

多くの人との交わりの中で気づかせてもらい、励まされ、落ち込み、悲しみ、癒やされ、楽しむ力を起こさせてもらえることを大事にしたいのです。

ただ、時にはアクティブに孤独にも遊びたいと思います。

身勝手で、贅沢《ぜいたく》な欲です。

けれど、身勝手な孤独の時間を持つことで、自分に立ち返り、自分のいい加減さを修正する気にもなれますし、人とのつき合いで知らず知らず溜まってしまった心の老廃物を吐き出すこともできます。それができると、新しい発見もあるし、気づきもあります。その時、自分は死んでないと思え、再生できるような気分になれるのです。

孤独になれば、寂しさ、虚無感が再発しますが、やはり孤独はかけがえのない私自身の善知識《ぜんちしき》（善《よ》き友）なのです。

ある高僧の「寂しいのう」

わが師・林恵鏡《はやしえきょう》老師は、前項の「壺中」をどのように工夫してきたのでしょうか。老師は、こんな和歌を詠《よ》んでいます。

「一人居《ひとりい》は　さびしけりとも
ひとりゐを　有難《ありがた》しとも　おもふことあり」

この和歌に初めて出会った時、驚愕《きょうがく》しました。

禅の修行では、老師の指導は厳しいものがありました。一方で、若い雲水には実に当意《とうい》即妙《そくみょう》に応じられ、豁達《かったつ》な風光《ふうこう》が、侍《じ》する者の心身をスカッとさせてくれたものです。開悟した人間は、かくも大空のように広々とした境地になれるのかと感じました。

だから、生死《しょうじ》など超越した方であり、生涯独身で家族を持たずとも、孤独など無関係と思っていたのです。

その老師が「一人居は　さびしけりとも」と詠んでいるのです。

最初は、「老師も同じ人間だったんだ」と受け止めました。老師も私たちと同じような思いを抱いていたことでしょうが、しかし、それだけでは違うと思い直しました。

老師を慕って、雲水が次々と集まってきます。そして、時がくれば一人また一人と去っていきました。修行道場では、来る者は拒まず、去る者は追わずが暗黙のルールなのです。

雲水を一人前に育てようと、わが身を捨てて指導している老師は、雲水が去るたびに、孤独を感じていたのではないでしょうか。「一人居は　さびしけりとも」の句は、その心境を素直に吐露《とろ》したのだと思うのです。

われを忘れる、とらわれが失せる

では、その後の「ひとりゐを　有難しとも　おもふことあり」にはどんな心境を込めたのでしょうか。

私には、師の心境の深い底までを領解《りょうかい》する力はありません。その私から見ても、老師と私たちでは、日常の立ち居振る舞いの境涯《きょうがい》（境地）が明らかに異なっていました。

老師は、いつ、どこでも、ふれ合う人やものごとと一つになれる人でした。

たとえば法要では、お経を読みながら堂内を回る「行道《ぎょうどう》」をします。その時、老師は進む下方をまっすぐに見つめ、目が動くことは一瞬たりともありませんでした。

また、老師には、皇族、政治家、芸術家、僧侶、近所の方など、さまざまな方が会いに来ましたが、相手の話に熱心に耳を傾け、時間を忘れていると思うくらい会話を楽しんでいました。一期《いちご》一会《いちえ》とはこのことだと思ったものです。

また、雲水と一緒によく作務《さむ》をしました。草取りをすれば、まさに草取りをする翁《おきな》そのものでした。

老師の部屋（隠寮《いんりょう》）に行くと、よく一人で景色を楽しんでいました。ある日、「ここから木々の間に見える東福寺《とうふくじ》の伽藍《がらん》（寺の建物）が実にいい。春夏秋冬と風情が変化するのじゃ」としみじみ言いました。修行で精いっぱいで、ゆとりなどまったくなかった私は、ハッと思わされたものです。

どんなこととも一つになれる境涯を、禅では「王三昧《おうざんまい》」と言います。

私は好きなものとは三昧になれますが、嫌いなものとは三昧になるのがなかなかできません。どうしても取捨選択の心が起こってしまいます。これを「個々《ここ》三昧《ざんまい》」と言います。

老師は、壺中などと工夫する必要がなかったのだと思うのです。ここかしこにおいて、すべてが壺中であったに違いありません。

分別や取捨選択をせず、仕事でも遊びも、人でも風景でも、サッと一つになれる心で生きていたのです。われを忘れ、計算もなく楽しんでいたのです。

この境地になれたら、孤独は「あってもありつぶれ」のおおらかな世界に入ることができると思います。

だから、「ひとりゐを　有難しとも」と詠んだのだと推察するのです。

さらに、「おもふなりけり」と言い切らず、「おもふことあり」と結んでいるところに、老師の大きさを感じます。この句には、悟り臭さなど微塵《みじん》も感じられないではありませんか。

禅では、前項の「壺中日月長」を**「別是《べつぜ》一壺《いっこ》天《てん》」**とも言います。仏徳をたたえる韻《いん》文《ぶん》である詩偈《しげ》や、古人の悟りの消息などを集めた『禅林類聚《ぜんりんるいじゅう》』に見える言葉です。

「別に是《こ》れ一壺《いっこ》の天」とは、誰にも邪魔されることのない、何者も介入できない、自分一人の世界を持ち、そこに遊ぶことを意味します。

私たちは、いつも仕事に追われています。しかし、それではストレスが溜まり、心がイライラと楽しまなくなります。仕事に没入する時と、仕事からまったく離れる時を、はっきりわけることが大切です。

仕事から離れるには、仕事とまったく関係のないことにトライすることです。できれば、好きなこと、楽しめるものがいいと思います。おのずと打ち込むことができ、心が解き放たれて和やかになってきます。

私は、絵を描くのが大好きです。長旅には必ず小さなスケッチブックと色鉛筆を持っていきます。その時、その場で、ラフに線描きをして、宿泊先で食事後、色を塗ります。われながら下手です。けれども仕事も時間も、そして自分をも忘れることができます。気持ちがとてもゆったりしてきて、心身の疲れが取れます。

いつしか、旅の孤独も消えているのです。

私のこの「一壺の天」は、かなりのプラスのパワーを与えてくれていると、秘かに感じています。

第六章

求不得苦と私

幸福は「あるべき私」を離れたところに

あるべき思考はサプリメントにも致死薬にもなる

こだわりはあらゆる善を劣化させる

家を十八年ぶりにリフォームすることにしました。

前から考えていたのですが、家財を整理したり捨てたりする時間、どの程度のリフォームをするかと考える労力、施工業者をどこにしたらよいのか探す手間などを考えると面倒になってしまい、今まで延ばしていたのです。

しかし、ついに雨もりやエアコン不良など不都合が限界になり、バリアフリー化をかねたリフォームに踏み切りました。

作業が始まって、気づいたことがあります。

自分が落ち着く場がなくなったことです。

「いつもここにいると安らぐ」という場所がなくなって、所在なく工事中の部屋を見渡していると、わが身を振り返る気持ちがふと起きました。

六十六年間生きて経験を重ね、知識も増えたと思うけれど、いつの間にか、「こうでなければいけない」「こんなことはすべきでない」という硬直した「あるべき思考」にとらわれているのではないか、と気づいたのです。

家のリフォームより、頭のリフォームこそが大切だと思えてきました。

私たちはさまざまな「あるべき思考」をします。

「自分が試されている。絶対に成果を上げなければならない」

「自分の立場から、投げ出すことはできない」

「あんな考え方はすべきではない。なんとしても改めさせなければいけない」

「この年でみっともない。やめるべきだ」

「あるべき思考」は、悪いものではないのです。この思考によってハードルを上げ、チャレンジし、努力し、自分なりにベストを尽くすことができます。成功すれば、実現できた喜び、能力を伸ばせた実感、未知の能力を開発できた充実感が満ちてきます。

実際、私自身も、「あるべき思考」によって成長することができたように思います。

ただし、「絶対……べきだ」とこだわりすぎると、心の余裕が失われることも出てきます。

達成できない時、自分を過小評価したり、他人を非難することにもなりかねません。失敗を恐れて、臆病になる可能性だってあります。

そういうことが続くと、目標を立ててトライすることを避けるようになっていくのではないでしょうか。

こっちはよくて「あっちが悪い」のはなぜ？

リフォームで使える部屋が限られたためテレビを見る時間が増え、ドラマを見る妻のおかげ（？）で、林真理子《はやしまりこ》さんの小説をドラマ化した『下流《かりゅう》の宴《うたげ》』を見ることになりました。

面白くて、本を買いました。

その『下流の宴』を紹介しましょう。

福原由美子は、一見どこにでもいそうな家庭の主婦です。

彼女は医師の家に生まれましたが、父が早逝《そうせい》します。

彼女の母は医師の妻だったという強い自負を持ち、自分の才覚で仕事に励み、家を建て、由美子と妹を大学にいかせます。

由美子は地方の国立大学を卒業後、東京で大手電機メーカーに就職し、東京の一流私立大学工学部出身の健治と職場結婚をします。

幸福な家庭づくりへの一歩を踏み出した彼女の信念は、母の影響を強く受けたこの言葉に凝縮しています。

「その人間が社会から評価されるかどうかは、結婚生活をきちんと営んでいるかどうかで決まる。両親が揃っていて、父親はしかるべきところに勤め、母親は専業主婦か、あるいは有意義な職業についている。これが由美子が長い間、理想としてきた中流家庭のあるべき姿ではなかったか。そうだとも、自分はこの〝中流家庭〟を守るために努力してきたのだ……」

由美子は、下流家庭と見られることを一番嫌悪していました。この「あるべき思考」は彼女自身と化していたのです。判断や行動は、すべてここが出発点でした。

しかし、彼女の思いは、ほころんでいきます。

由美子は二人の子供、娘の可奈と息子の翔を授かりますが、翔が高校を一年で中退すると言い出したのです。

それは人生の放棄と同じだと思う由美子は、懸命に改心させようとしました。しかし、息子は部屋に閉じこもり、一年たっても変わりません。やむを得ず退学届を出しました。あきらめきれない由美子は、大学に行くよう翔に訴えます。しかし、息子は「別にイイ」などと言うばかりです。

目的に向かって努力する意思など翔には毛頭なかったのです。

翔は結局、家を出て、繁華街の漫画喫茶でバイトを始めます。それを許せない由美子に、さらなる事実が追い打ちをかけます。

翔はパソコンのオンラインゲームで知り合った珠緒という年上のフリーター女性と同居していて、結婚するつもりだと言うのです。

生活力のない二十歳の息子と結婚を考える女など、理性のないヤンキーだと決めつけた由美子は、二人の軽はずみな結婚を阻止しようと決意します。

実際、由美子から見た珠緒は、知的なところがなく、不器量で、我慢ならない人間でした。しかも両親は離婚しているというのです。自分たちの世界である「中流」に属さない「あっちの人」だったのです。

こんな夢は破綻しやすい

由美子にすれば、珠緒の母親・洋子も教育のない人間でした。離婚し、飲み屋をしながら生き抜いてきた洋子には「あるべき思考」などありません。けれども世間的な生きる知恵を身につけ、柔軟に生きる女性でした。

珠緒はそういう母親が懸命に生きている姿に共感を覚えているようです。そのせいか、母に迷惑をかけず自力でやる独立心みたいなものがありました。

それに比べて翔は投げやりで、無理せず、今が楽しければいいという依頼心でいっぱいの若者でした。

珠緒は、「結婚は相手の親にも認められなければ幸せになれない」と言い、翔はものごとを決めつけて命じる親の許しなんか必要がないと否定します。

その後、翔が犯罪に巻き込まれる事件をきっかけに由美子と珠緒のバトルが始まり、由美子は珠緒に「育ちが悪い」と言い放ち、二人が結婚したら不幸になると言い切ります。珠緒は怒りを抑えきれなくなり、突然、「医者になる」と言い出します。

由美子に苦笑されても、珠緒の決心は揺るがず、こう言うのでした。

「私が医大に入ったとしたら、さっきの言葉、取り消してください」

それから物語は急展開していきます。

さまざまな幸運と努力があって、二年後、珠緒は地方の国立大学の医学部に合格します。翔と結婚するために始めた受験も、自分が生きるためという気持ちに変わっていきます。

このあたりから、由美子の家庭にもさまざまなことが起こっていきます。

由美子の夫がリストラされてしまうのです。

由美子以上に人生を計算するタイプだった娘の可奈については割愛しますが、いずれにしても、結局、由美子の夢はすべて破綻《はたん》してしまうのです。

夫の健治は運命を受け入れ、今までの思考を変えて、新たな出発をしようと歩き出します。しかし、由美子は……と続いていきます。

「世間が変わっても私は変わらない」のはいいことか

私は、計算通りにいかず、予想もしないことが起きるのが人生だと思います。

それは、一人の人間の努力ではどうにもならないという意味でもあり、人生は変化していくものだという意味でもあります。

時代も環境も変わり、会社も境遇も変わり、自分も人のこころも変わっていくのです。

そういう変化の中で、私たちはどう生きたらよいのでしょうか。

由美子は変化を拒否し、苦境に陥《おちい》りました。もちろん自分を見失い、変化に従属するのではいけないと思います。自分を保ちつつ、変化を柔軟に受け入れる生き方が大事だと思うのです。

変化の中で自分が試されているのです。

人間は保守的なところがあります。変化を受け入れることは、往々にして自分を否定することになります。それをプライドが許しません。

由美子の「あるべき思考」へのこだわりが理解できないわけではありません。しかし、それでは失うものが多すぎるのです。第一、由美子が自分自身を失ってしまっているように感じます。

翔と珠緒の行く末については、『下流の宴』を読んでください。

私がこの小説にこれほど長いページを割《さ》いたのは、わけがあります。

私自身の思考のリフォームの障害は由美子のような「あるべき思考」だからです。

この小説では、「あるべき思考」は思考を偏重《へんちょう》させ、人生を挫折させてしまうということがテーマです。しかし、先述の通り、「あるべき思考」は決して悪いだけではないのです。使い方によっては、人を確かに向上させ、成功につなげてくれるものでもあります。

あらゆるものに、このような両面があることを忘れてはならないと思います。

こういう消息を禅では**「担板漢《たんぱんかん》」**と言っています。『碧巌録《へきがんろく》』の言葉です。
「担板漢」とは、肩に板を横に担《かつ》いでいるので、板の内側は見えても、外側はまったく見えない漢《おとこ》という意味です。ワンパターンの思考や理念に左右されてしまう愚かな人間のことです。

私たちは、とかく担板漢になりがちです。一度「あるべき思考」をひと休みし、かたくなな思いを肩から下ろして、ひと息つくことが大切です。

本当の賢人はバカにもなれる人

誇りは骨にもトゲにもなる

外交官になりたいという夢の実現と、寺の跡継ぎから抜け出すためとで受験に励み、なんとかストレートで国立大学に入学できました。

努力と能力が評価されたと感じ、人にもほめられて、未熟なことに、「自分は優秀なんだ」というプライドが生まれてしまいました。

ある年配の方から、「国立大学に入ったんだから、僧侶なんかになったらもったいないよ」と言われ、世間は僧侶をそんなレベルで見ているのかとショックを受け、絶対に僧侶なんかにならない、という思いが心に刻印されてしまいました。

「国立大学出身にふさわしい仕事をしなくてはいけない、さもないと恥ずかしい」とさえ思ったのです。

こうして「あるべき思考」が芽生え、根を張っていきました。

それなのに、外交官になるための努力は中途半端でした。というより、怠惰《たいだ》な日々を送ってしまったのです。ついに四回生の冬に、体を壊して留年せざるをえなくなったことは、すでに書いたとおりです。

健康を回復して大学を卒業したあとは、特に定職につくことなく、家でぶらぶらしていました。親に甘えていたのです。

結局、一番なりたくなかった僧侶の修行をすることになりました。

道場に入るために、京都に向かう前日でした。父は一言だけ言いました。

「バカになってやってこい」

言葉の意味がわかりませんでした。

入門当初は、規則ずくめなのに驚きました。「あるべき思考」ならぬ、「いけない思考」ばかりでした。

「入門して三年間、笑って白い歯を見せてはいけない」「理屈を言ってはいけない」「書物を読んではいけない」「食事の時、音を立ててはいけない」「禅堂と風呂と食堂では話してはいけない」「音を立てて廊下を歩いてはいけない」……あまりに規則ずくめで、不自由でした。

寝る時間も短く、食事も粗末でしたから、勝手気ままに生きてきた人間には耐え難《がた》いものがありました。

お経もろくに読めず、僧侶の基本も知らない無知そのものの私は、何をやっても人よりも遅れてしまいます。私は劣等生でした。

そのように精神的に追い込まれた状況で、仏教大学を出た人間をひどくやっかみながら、その一方で「自分はあんたがたとは違うんだ」という矜持《きょうじ》が頭をもたげてきました。プライドを砦《とりで》にしないと、道場ではやっていけないと思ったのです。

「自分は彼らより知的なんだ。そんな自分が肥汲《こえく》みや草取りのような汚く単純な作業などやりたくない」「本を読んでいないと教養がなくなる。あいつらは学問なんか興味がないんだ。読まない奴はバカだ」「口うるさい奴《やつ》ばかりだ。こんなにいつも怒られていたら、こせこせした人間になってしまう」……と次々と不平不満が起きてきました。みんな、プライドに彩られた「あるべき思考」から生まれてきたものでした。

そういう意識は自然に外に現れ、何でも嫌々やることを見抜かれてしまいます。先輩の雲水《うんすい》から、耳にタコができるくらい叱られたものでした。

「いつまで学生気分でいるんだ。余分なものを背負っているから、お前さんは、やることなすこと清々《せいせい》していない。何をやるにも死にきれ」

最短の道が最善の道とは言いにくい

ある日のことでした。道場の指導者である林恵鏡《はやしえきよう》老師がこんなことを話してくれました。

「バカになってやる奴がいなくなったな。合理主義とかいうものに引っかかっているからじゃ」

ものごとを効率よく進めることばかり考えている現代人の見失ったものの多さを見てとっていたのだと思います。

効率よくやると、結果に関心が集中します。早く結果を出すことがすべてになります。それまでの過程は、あまり考慮しなくなるものです。

できるだけ労力をさかないように、無理しないで楽に仕事をすることが大切になると、働くことが手段でしかなくなります。

働くことを楽しむことができなくなるのです。自分を忘れてものごとに打ち込んで、汗をいっぱいかいた時の爽快感を持てなくなります。

無駄を省きますから、遠回りしながらさまざまなことを学ぶゆとりがなくなります。周囲の人に心配りする余裕までなくなってきます。

老師の言葉から気づかせてもらったことがあります。それは「死にきれ」という言葉が、「バカになってやってこい」と同意義であったことです。

　でも、なかなかバカになることはできませんでした。「あるべき思考」が吹っ切れず、「道場の苦しい生活は自分には合わない、逃亡したい」とばかり考えていました。

状況を変えられない時は自分を変える時

　道場に入門した頃、すでに十六年も修行している雲水のOさんがいました。

　まだ残暑が厳しい秋の日、Oさんに命じられて、畑仕事をすることになりました。

「まだ暑い日に畑の草取りと、農薬の散布か。農薬の名前がデス（死）だと？　縁起が悪い名前だ」と愚痴《ぐち》をこぼしていると、「お前さん。全然手が動いていないな。妄想《もうぞう》なんかかくんじゃない」とやられてしまいました。

　しかし私は反発し、「この人は修行してもう十六年、こんな単調な日々を送っていて、後悔しないのかな」と思いました。

　しばらくして、「こっちへ来てみよ」と言われました。いつも鬼のような険しい顔をしている人が、こぼれんばかりに微笑んで、収穫したナスを私に見せたのです。

「丹精込めて育てると、こうなるんじゃ」と言いました。

　その時、「この人は本当に道場の修行に喜びを感じているんだな」と思いました。同時に、彼は同じ道場で、私とはまったく異なった修行をしていると気づきました。

はっと思いました。

Oさんにとって、道場は生きがいを感じる場ですが、私には地獄なのでした。彼は普通の家庭に生まれ、道場に来るまで、どんな人生を生きてきたのでしょうか。どんな理由で出家したのでしょうか。そしてどんな気持ちで十六年という長い歳月を道場で過ごしてきたのでしょうか。

すごく興味がわきました。

でも、道場では前歴を問うことは禁じられています。修行には職歴も学歴もそれまでの人生歴も考え方も関係ないのです。余分なものは捨てて、身も心も裸で入るということです。

そう考えると、Oさんはおそらくさまざまな葛藤を経て、余分なものを捨てられたから、農作を楽しめるようになったのではないか、と思いました。

「そうか。余分なものを捨てろということは、今までの自分を変えろということだな」

とようやく気づかせてもらいました。

「直面している状況を変えることができないときは　自分自身が変わらなくてはいけないときだ」（『人生の贈り物』アレックス・ロビラ）

フランクルの言葉です。

Oさんも、自分を変えて、道場の生活に合わせていったのです。その結果、厳しい修行に喜びを見出せるところまで成長していったのです。

それに比べて、私は従来の学歴も思考も引きずっていました。だから道場の生活に違和感を抱き、なじめず、愚痴ばかりこぼしていたのです。

「あるべき思考」が私の苦しみの現況であったのです。

ようやく父の「バカになってやってこい」、先輩の雲水の「死にきれ」という言葉が理解できてきました。

こういう消息を禅では**「其愚不可及《きぐふかきゅう》」**と言います。「其《そ》の愚《ぐ》や及ぶ可《べ》からず」と訓《よ》み下すのが普通です。出典は孔子の『論語』です。

「其の愚や及ぶ可からず」とは、利口ぶることはできても、愚に徹することはなかなかできないという意味です。

人間は、学歴、家柄、社歴……などさまざまなものを鼻にかけるものです。また、自分の考え方にもついついこだわってしまうものです。そんな余分なものはさらりと捨てましょう。そうすれば、もっと大らかに、ゆったり、素直な心で生きられるようになります。
「愚」とは「バカになれ！」ということなのです。

一人で生きるのに「らしさ」が必要か

あるのは悪くないが、ないのはいいことだ

ことあるごとに浮かぶ「あるべき思考」を、「バカになれ」という刀で両断する気持ちでいるようにしましたが、「あるべき思考」はしぶとく手ごわい奴で、なかなか溶けていきません。

ある日、境内を掃除していて、ふと振り返った時、きれいに掃かれた庭がなんともさわやかでした。今まで味わったことのない清々した気分になれて、「あるべき思考」に毒された私の心もだいぶ浄化されたと思いました。

道場での生活は、新聞もない、テレビもない、自由時間もない、ないない尽くしの生活です。坐禅《ざぜん》、公案《こうあん》、作務《さむ》、托鉢《たくはつ》だけの単調な生活に、私は飽き飽きしていました。

ところが久しぶりに寺に休暇で帰った時、友人が「藤原、顔がなんかさわやかになったな」と言うのです。

真剣に修行してきたなんてとても言えないことはわかっていました。いささかなりとも私の相が変わっていたとしたら、それは師匠の道力《どうりき》がすぐれていたからだと思います。

『正法眼蔵随聞記《しょうぼうげんぞうずいもんき》』に、道元《どうげん》のこんな言葉があります。

「昔の人は、『霧の中を歩くと、知らないまに、着物がしっとりする。』といっている。すぐれた人に親しんでいると、気がつかないうちに、自分もすぐれた人になる……」

自分を変えようとしたら、すぐれた人に直接出会うことです。自分の才能のなさを知ることはつらいものの、負けたくない気持ちも起き、また、相手からパワーをいただけるものです。

もう一つは、簡素な生活が私の心を浄化してくれたのです。

生活の豊かさは悪いことではないですが、心が落ち着かず、欲望がますます強くなり、心が濁りやすいものです。顔の相が変わったのはシンプルな生活のおかげではないかと思います。

もちろんないことの不満も起きますが、お茶一杯がとてもおいしいのです。そんな小さな喜びも感じることができます。

ある生活よりも、ない生活のほうが、修行に打ち込みやすい状況になります。

「あの人のように生きたい」

ところが、修行を終えて寺に帰ると、今度は「自分は人とは違う厳しい修行をしてきた人間だ」という思いが強くなってきました。同時に、僧侶になったのだから、「坊さんらしく生きなくては」という別の「あるべき思考」が出現してきたのです。

修行時代は道場の決まりに従って生活が営まれるので、自然と「あるべき思考」が浄化されたのでしょう。

寺では、そうはいきません。それが新しい悩みになっていきました。

修行で人間的に成長したと思ったのですが、それが矜持に変質すると、もういけません。寺に帰れば、道場のような「ない生活」は難しくなり、「僧らしく生きたい」というもどかしさに苦しむようになりました。

そんなある日、布教師《ふきょうし》の大先輩に会う機会がありました。そして、一冊の本をすすめられました。小林秀雄《こばやしひでお》らそうそうたる文人たちとの交友でも知られる随筆家・白洲正子《しらすまさこ》の著作『明恵上人《みょうえしょうにん》』でした。

鎌倉時代、京都の栂尾《とがのお》の高山寺《こうざんじ》で戒律の復活につくし、日本では稀有《けう》の不犯《ふぼん》（女性と接しない）僧だと言われています。坐禅三昧《ざんまい》の修行を生涯続けました。

この人の「遺訓」（『明恵上人遺訓』）にこうあります。

「人は阿留辺幾夜宇和《あるべきようわ》と云《い》う七文字を持《たも》つべきなり。僧は僧のあるべき様、俗は俗のあるべき様なり……」。さらに、上人の徳を慕う人たちが書いた『明恵上人伝記』には、明恵の言葉としてこう書かれています。「我は後世を資《たす》からんとは申さず。只《ただ》現世に有《ある》べき様《よう》にて有《あら》んと申也《もうすなり》」

わが国で「あるべき思考」を最も説いたのはこの明恵です。

明恵はこの言葉にどんな意味を込めたのでしょうか。死後、極楽に行きたいなどと思わない、ただ生きている間、僧として、人間としての本分を果たしたい、と言ったのです。

本分を尽くすということはどういうことでしょうか。

たとえばサラリーマンが、「不景気でいくら頑張っても仕方がない。投資でもしたほうがいい」と仕事を怠《おこた》ったら、本分を果たすことになりません。専業主婦が「男女平等だから」と家事や育児を怠ったり、学生が「自由だから」と勉学をしなかったりするのも同様です。

しかし、このような「あるべきようわ」のとらえ方は、世間的なものさしにすぎません。

白洲正子は、明恵の言う「あるべきようわ」は、自分が心の底から望んでいる本音の声、釈尊《しゃくそん》のように生きたいという一念であったと指摘しています。

私たちの「あるべき思考」と、明恵の「あるべきようわ」は似て非なるものです。まったく異質であったのです。

白洲のこの指摘は、私にとって生き方の基本ともなったほどすごい影響を与えました。

とどのつまりは自分が主人公

二十五年前、インドの仏教遺跡を初めて巡拝《じゅんぱい》し、釈尊が初めて説法した（初転法輪《しょてんぽうりん》）地サールナートに行った時のことでした。

その寺には釈尊が三十六歳で初転法輪した時の清楚《せいそ》なお像が祀《まつ》られていました。私はそのお姿に見とれてしまいました。その前で、同行した僧とお経を読みました。

お像のお顔を仰ぎ、鐘を鳴らし、「摩訶般若波羅蜜多心経《まかはんにゃはらみったしんぎょう》……」と読み始めますと、突然、涙がこぼれだして止まりません。ハンカチで抑えることもできず、続けるしかありません。

その時、声ならぬ声が聞こえてきたのです。

「よう来てくれました」

私はその時の喜びを、へたな歌に詠《よ》みました。

「サーきたか　やさしきまなざし　なみだあふれる」

この方がおられたから仏教が生まれ、禅が生まれ、わが国に伝わり、わが師匠にも伝わったのです。将来、進む道も、拠《よ》りどころとなる教えも知らず生きていた落ちこぼれの私が、その師匠に会わせてもらい、生きる道を知ったのも、もとはといえば釈尊のおかげです。そう思うと、この人こそ人生の恩人だと思いました。

だとしたら、私ができることは一つです。

明恵のように修行に徹することは到底できませんし、清浄な生活もできません。そんな私でも、釈尊の教えを伝える布教の仕事を生涯続けることには、微力を尽くすことができます。

それを一生実行することを心に決めました。

その時の熱い感動はいまでも忘れることはできませんし、その力で布教を続けることができました。

こうして私の「あるべき思考」は明恵の「あるべきようわ」に浄化されて、私の生きるものさしになりました。

こういう体験から言えることは、一日一回は、こう自問してほしいということです。

「自分は今、本音で自分を生きていると言えますか」

この問いに正直に答え、辛抱強く生き続けていけば、おのずと世間的な「あるべき思考」に汚染されない自分を育てることができるはずです。
それは、新たな自分をつくっていく種蒔《たねま》きになります。

これを禅では**「主人公《しゅじんこう》」**と言います。普通の言葉のようですが、『無門関《むもんかん》』第十二則「巌《がん》、主人を喚《よ》ぶ」で重要な意味を与えられています。

主人公とは、「本来の自己」という意味なのです。

唐の時代、瑞巌《ずいがん》の師彦《しげん》という禅者は、いつも独りで「主人公」と自分に呼びかけ、自分で「はい」と答えるのが常でした。「主人公」「はい」「目覚めているか」「はい」「これからもだまされるなよ」「はい」と自問自答していました。

「自我的な自分」は、自分のありようを自覚することができません。しかし、だれにでもある「本来の自己」は、自分のありように気づかせてくれるのです。師彦の自問自答は、「自我的な自分」が「本来の自己」に声をかけているようで、実は逆に、「本来の自己」が、「自我的な自分」に声をかけているのです。

日常的な日々の中、私たちはどうしても流されて生きたり、何かにこだわったりしてしまいます。その結果、生きているという実感がわかなくなることが多いものです。そんな時、「主人公」「はい」「自分は生きている、という実感をわすれていないか」と問答してみましょう。
あなたは、どう答えますか。

進むことは根源に戻ること

変身上手ほど「自分は変わらない」と言うのはなぜ？

苦労をするのが上手な人と、下手な人がいます。

苦労上手な人は、どんな場や状況でも、自分の生き方を見つけられます。たとえば勤め先が倒産しても、しばらくすると畑違いの仕事で力を発揮していたりします。思わぬ事態に巻き込まれてそれがダメになっても、いつの間にか海外に活路を開いていたりという具合です。

バリバリの会社人間が、いい味の人情家に変わり、それが次には外国語ペラペラの国際人になっていたりするので、周囲が「変わったねえ」と驚いても、当人はきっと「自分は変わっていないよ」と笑うに違いありません。

その「自分」は、「本当の自分」にかなり近いと思います。

苦労上手な人は、過去をあっさり捨てることができるのです。過去を否定するのではなく、引きずらないのです。我欲からくる「あるべき思考」を脱して、本音の「あるべき思考」ができます。

それに対して苦労下手の人は、過去の成功を捨てられず、失敗さえ捨てることができません。人には捨てる自由があるというのに、過去を引きずるばかりか、過去に引きずり回され、不自由な日々をかこつのです。

私たちもとかく、「こうありたい」が「こうあるべき」に変わって、執着《しゅうじゃく》が起きてしまうのではないでしょうか。その時、苦労下手な人間の一歩手前に立っています。

上手に苦労した人は、変身もいさぎよいですし、変身するたびに振る舞いや言葉が爽やかになり、温かみが増してくるように思います。

私の身近にもそんな人がいます。県議会議員を長くつとめた秋鹿博《あきしかひろし》さんです。私は、「がむしゃら史」の時代に静岡新聞が主催する論文コンクールに応募して海外視察団の一人に選ばれましたが、秋鹿さんはその時の仲間でした。

彼は「あかるい地域社会」というはっきりしたテーマを持っており、ボーイスカウト指導者、青年団の団長、そして市議会議員、県議会議員と政治家の階段を順調に上りつつ、地域に尽力してきました。

やがて富士宮市の市長選挙に立候補します。ところが、大方の予想に反して落選してしまったのです。

「また県議会議員に復帰して活躍するだろう」と誰もが思いました。しかし秋鹿さんは、あっさり政界から身を引いてしまいます。

その後、彼はどう生きていくのか、とても興味がありました。

市長選挙後に久しぶりに会った秋鹿さんは、少しも変わっていませんでした。相変わらず青年のような情熱を持ち、プランを次々と実行し、多くの夢を育てていました。

たとえば都会の父親と子どもの心の絆《きずな》を育てるために、空き家になった農家を買い取る運動です。そこに父子を泊まらせ、昼は農家の仕事を手伝ってもらい、夜は語り合う会を開くのです。

あるいは、林業とお寺のコラボレーション活動です。山林は人の手が入らなくなると、すぐに荒れてしまいます。富士山麓《さんろく》の山林も、とても荒れているそうです。そこでウェブサイトでボランティアをつのり、山林の間引きをしてもらいます。伐採《ばっさい》した木は加工して、なんと卒塔婆《そとば》にします。それをお寺に売って、山林での活動資金にするのです。

ボランティアは山林で汗を流すことで心を浄化でき、地域の役にも立ち、活動資金もまかなえるというよくできたシステムに感心しました。

秋鹿さんが、これほど柔軟に発想し、精力的に活動できるのはなぜなのでしょうか。

これまで十分に地方に尽力してきたのですから、選挙に負けたのを機会に、引退しても不思議はありません。

「もう頑張るのはやめよう。自分には十分なキャリアやプライドがある。それを心の拠りどころにしてのんびり余生を送ろう」と思うのが普通な気がするのです。

欲の皮はすぐに脱皮したほうがいい

韓国の人材センターに、六十歳を過ぎた男が職探しに現れました。申込書を見た所長は目を疑いました。希望職種欄に「ウェイター」とあったからです。そして、職探しの男が、韓国の財閥の一つだった三美《サンミ》グループの前副会長・徐相禄《ソサンノク》さんだったからです。

実は三美グループは不渡りを出して倒産し、徐さんは何万人という従業員とその家族を路頭に迷わせた贖罪《しょくざい》の気持ちから、ゼロから再出発しようとしたのです。

この行動はニュースになり、徐さんには次々と電話がかかってくるようになります。姉は、そこまで落ちぶれているとは……と泣きました。ある友人は、俺の顔に泥を塗るな、とどなりました。

以前からウェイターの仕事に興味があり、青年のような誇りと情熱を持って、それを再出発の場にしたかった徐さんは、希望を胸に、この電話攻撃に耐えることができました。

家族は、暖かく励ましてくれました。

妻は、「……これまで他人に世話してもらった分、世話する側になれば学ぶことも多いはずだし、人生の幅も広がるだろうから、どうせなら正式にちゃんとやってみたら」と言ってくれました。アメリカにいる息子たちも感動的なエールを送ってくれました。

「……社会的な偏見を果敢に押し退《の》けて、ご自分のやりたい仕事をしようとしているお父さんが誇らしいですよ」

困窮した時、家族にこれほどの愛情と結束力があるのは、徐さんが家族に誠実で、かつ、生きざまに心張棒《しんばりぼう》のようなものがあったからに違いないと思います。

やがて徐さんはホテルロッテのレストランでウェイターとして雇われ、再出発を果たします。最初に招いたのは、副会長時代の秘書たちだったと言います。かつての上司が部下たちをエレベーターまで送り、頭を丁寧に下げ、「またのご来店をお待ちしています」と挨拶するとは、何とすてきな変身でしょうか。

徐さんは常に「こうありたい」と思い、極貧から身を起こした人物です。韓国やアメリカを渡り歩き、財閥の副会長まで登り詰めました。その大変な努力が水泡《すいほう》に帰してしまったのです。

その無念さと、過去のキャリアやプライドを、彼はどう抑え込んだのでしょうか。

徐さんはプライドについてこう語っています。

「自負心や誇りは誰かに与えられるものではない。自分で自分に与えるものだ。自動車の部品をつくっていようが、飲食店で料理を運ぼうが、路上で靴を磨こうが、職場や顧客、そして自分自身のために必要な仕事をしているという誇りを持てばいい」

彼の自著『プライド』に見える話です。

人に奪われない「一人」を育てる

生きているとさまざまなことに出会います。つらいこと、悲しいこと、恥ずかしいこと。迷うこともあれば行き詰まることもあります。調子がいいなと思っていたら、想定外のことが起きるのも人生です。

絶えずすべてのものが変化し、同じ状態にとどまりません。諸行無常《しょぎょうむじょう》なのが人生です。人間の分別や計算通りにはいきません。

逃げることができず、変えることができないのなら、ちゃんと向き合って、裸の自分に戻ることです。本当に自分が望むことを探り当て、確認するのです。地位や富、名声はすぐ失われます。そうではないものです。

簡単に言えば、他人に奪われないものを求め、育てることです。

『禅林類聚《ぜんりんるいじゅう》』の一句を思い出しました。

「水は竹辺《ちくへん》より流出《りゅうしゅつ》して冷ややかに
風は花裏《かり》より過ぎ来たって香《かんば》し」

緑の竹は、見るからに清く、爽やかです。同じ水でも、竹林の中から流れ出てきた水は、とても冷ややかで清々しく感じます。同じ風でも、花々の咲いている間を通り抜けてきた風は、実にいい香りがします。そんな意味です。

しかし、冷水や薫風《くんぷう》の心地よさだけを歌ったものではありません。

私たちはいろいろな風に吹かれます。穏やかな温風や涼風だけではありません。せつなく悲しい風、意地悪な風、迷い風にも吹かれます。

どんな風に吹かれても、苦労上手な人は受け止め方が違います。最初は立ち止まり、へこたれて自分を見失いそうになっても、もう一度自分と向き合い、「本当の自分」に戻る労を惜しまないのです。

私自身は、気に沿わない風に吹かれても涼風に吹かれたかのように受け止め切る力は、まだまだありません。

ただ、心がけていることがあります。

私の寺の境内には、四等身の「わらべ地蔵」が四十体、祀られています。どのわらべ地蔵さんを拝んでも、心がほのぼのとしてきます。特に、寺の玄関前の庭に置かれているお地蔵さんは、暑い日も寒い日も、雨の日も風の日も、いつもさわやかなお顔で送り迎えしてくれるのです。

その顔を見ていると、「自分は今、どんな顔をしているか、どんな心でいるか、自分を見失ってはいないか」が問われている気がします。

「これからの人生も、さまざまな風が吹きますよ。本当の自分に戻ることをやめないで下さいね」という声が聞こえてくるのです。

声を聞いて、私も思います。

「生きていると、いろいろなものが奪われていくものだ。完全なものなどこの世にない。だから、少しくらい奪われても、すべてが奪われたごとく愚痴を言ってはいけないんだよ。欠けても傷ついても微笑《ほほえ》んでいるお地蔵さんを忘れるな」

それが本当に、一人に戻れる生き方だと思うのです。

参考文献

『法句経』友松圓諦、講談社
『佛典講座30――臨済録』柳田聖山、大蔵出版
『亡妻の記』西条八十、家の光協会
『生きがいについて――神谷美恵子コレクション』神谷美恵子、みすず書房
『心に響く小さな5つの物語』藤尾秀昭、片岡鶴太郎画、致知出版社
『禅の語録17――大慧書』荒木見悟、筑摩書房
『生きる意味――ビクトール・フランクル22の言葉』諸富祥彦、KKベストセラーズ
『私を変えたことば』日本ペンクラブ編、光文社
『会社ニモ負ケズ人生ニモ負ケズ――サラリーマン10人の日々烈日』滝田誠一郎、講談社
『ありがとうの詩――大切なあなたへ伝えたい言葉』扶桑社
『くらべない生き方――人生で本当に大切にするべき10のこと』大平光代、鎌田實、中央公論新社
『神を呼ぼう――信仰詩集』八木重吉、新教出版社
『富嶽百景・走れメロス――他八篇』太宰治、岩波書店
『人間讃歌――人皆に美しき種子あり』安積得也、善本社
『ハーブ&ドロシー』映画パンフレット
『兄小林秀雄との対話――人生について』高見沢潤子、講談社

『こころの日曜日――45人のカウンセラーが語る心と気持ちのほぐし方』菅野泰蔵編、法研
『つなみ――THE BIG WAVE』パール・S・バック、北面ジョーンズ和子・小林直子・滝沢安子・谷信代・弘中啓子訳、黒井健画、径書房
『いのちは誰のものか――新編信國淳選集』信國淳、樹心社
『「人生の答」の出し方』柳田邦男、新潮社
『気流の鳴る音――交響するコミューン』真木悠介、筑摩書房
『露の身ながら――往復書簡　いのちへの対話』多田富雄・柳澤桂子、集英社
『日本の詩歌10――高村光太郎』高村光太郎、中央公論社
『羅生門・鼻・芋粥』芥川龍之介、角川書店
『ブッダのことば――スッタニパータ』中村元訳、岩波書店
『禅問答と悟り』鈴木大拙、春秋社
『つゆのひぬま』山本周五郎、新潮社
『孤独地獄――森鴎外』吉野俊彦、ＰＨＰ研究所
『ひとりで生きる――堀文子の言葉』堀文子、求龍堂
『下流の宴』林真理子、毎日新聞社
『人生の贈り物』アレックス・ロビラ、田内志文訳、ポプラ社
『正法眼蔵随聞記――筑摩叢書５』水野弥穂子訳、筑摩書房
『假名法語集――日本古典文学大系83』宮坂宥勝校注、岩波書店
『プライド――それでも人は生きていくなり』徐相禄、加藤美蘭訳、毎日新聞社

藤原 東演 略歴

1944（昭和19）年、静岡県に生まれる。臨済宗妙心寺派宝泰寺（静岡市）住職、サールナートホール館長、臨済宗妙心寺派布教師会会長。京都大学法学部に在学中、外交官を志すが、病に倒れて断念。同大学卒業後、京都東福寺専門道場にて林恵鏡老師のもとで修行し、宝泰寺の住職になる。臨済宗妙心寺派教学部部長を経て花園学園法人本部事務局長を任じられ、浜松大学にて教鞭をとる。一方で、ＮＰＯ「こころの絆をはぐくむ会」代表、「いのちの電話」評議員をつとめる。

著書に『心とからだの禅道場』（チクマ秀版社）、『人生、「不器用」に生きるのがいい』（祥伝社黄金文庫）、『禅が教えてくれた「悩む力」』（知的生き方文庫）、『煩悩力』（リュウ・ブックス アステ新書）、『英訳付What Is Zen? 禅ってなんだろう』（淡交社）、『仕事の迷いが晴れる「禅の6つの教え」』（講談社＋α新書）などがある。

いつでもひとりに戻《もど》れる生《い》き方《かた》
変《か》われる私《わたし》を見《み》つける禅《ぜん》のこころ

著者 藤原《ふじわら》 東演《とうえん》

2011年10月5日 第1刷発行

発行所 株式会社亜紀書房
東京都千代田区神田神保町1-32 〒101-0051
電話 03-5280-0261 振替 00100-9-144037
http://www.akishobo.com

装幀 水戸部功
編集協力 吉田宏（アールズ）
本文DTP 朝日メディアインターナショナル株式会社
印刷・製本 株式会社トライ http://www.try-sky.com
ISBN978-4-7505-1121-4

亜紀書房の本

中村安希　一五七五円

Be《ビー》フラット

日本は、どうなっていくんだろう――。
ひとり永田町に飛び込み、国会議員十八人と向き合った、
若きノンフィクション作家のリアルで切実な絶望、そして希望。
開高健ノンフィクション賞受賞作家渾身の書き下ろし。

●気鋭作家が永田町に斬り込む!●